KB074849

하고 싶은 건 없지만 내 꿈은 알고 싶어 ✧✦

# 하고 싶은 건 없지만 내 꿈은 알고 싶어

김태연 지음

체인지업

CHANGEUP

프롤로그

# 나는 못생겼습니다

초등학교 2학년 때의 일이다. 우연히 CF 광고에 출연할 기회가 생겼고, 카메라테스트를 받기 위해 엄마 손을 잡고 서울의 한 스튜디오로 행했다. TV에 나올 수도 있다는 생각에 한껏 들떠 있었지만, 현장에서 들려온 작은 목소리 하나에 나의 부푼 기대는 산산조각이 나 버렸다.

**"야, 얘는 안 되겠다."**

관계자가 뱉은 그 말을 '너는 못생겼어'로 이해한 나는 그 자리에서 왈칵 눈물을 쏟았다. 세월이 흘러 중학교 2학년이 되었다. 나와 죽이 잘 맞는 친구가 한 명 있었는데, 공부를 그리 열심히 하지 않는데도 열심히 하는 나보다 늘 성적이 좋았다. 어느 날 문득, 나는 한 가지 결심을 하게 되었다. 이번 중간고사에서는 무슨 일이 있어도 그 친구

4

보다 좋은 성적을 받겠노라고…. 그렇게 이를 악물고 며칠 밤낮으로 공부에 몰두했지만, 끝내 이변은 일어나지 않았다.

그때부터였다. '나는 얼굴도 못생기고 머리도 나빠'라는 생각이 떠나질 않았고, 이러한 자책은 '앞으로 뭐 먹고 살지?'라는 현실적인 고민으로 이어졌다. 진로, 즉 앞으로 어떤 삶을 살아야 하는 가에 대한 인생 최대의 고민이 시작된 것이다.

그런 내가 벌써 25년째 강의를 하고 있다. 못생기고 머리도 나쁘다며 스스로 깎아내리기 바빴던 내가 많은 사람들을 가르치고 지도하는 일을 업으로 삼게 된 것이다. 가끔 이런 생각이 들기도 한다. 만약 그때 누군가가 '너는 앞으로 많은 사람들 앞에서 강의를 할 텐데 기죽지 않았으면 좋겠어. 한 번 실패를 맛봤다고 좌절하지 말고, 미래에 어떤 사람이 되고 싶은지 스스로 탐구해보렴' 같은 위로의 말을 해줬다면 당시 나의 고민이 조금 덜 했을까?

어떤 선택을 할 때는 결과만 보고 결정을 내려서는 안 된다. 같은 결과를 얻고도 여러 갈래의 길 위에 설 수 있기에 그 과정을 결코 무시해선 안 된다는 것이다. 수많은 아이들과 상담을 하고, 여러 학교를 오가며 교육을 하는 나조차도 '나는 어떤 사람이 되고 싶은가?'에 대한 답을 내 안에서 끊임없이 '발견'해나가고 있으니 말이다.

지난 2016년 세계경제포럼(WEF)이 발표한 보고서 〈일자리의 미래〉에서는 인공지능·로봇기술·생명과학 등이 주도하는 4차 산업 혁명 시대에는 상당수의 직업이 사라지고, 기존에 없던 새로운 일자리가 생겨날 거라고 전망했다. 인공지능·로봇공학 등의 발전은 사물인터넷(IoT)·자율주행차·3D프린팅 등과 같은 혁신 산업으로 이어지고 있으며, 이 속도라면 로봇이 사람의 일자리를 대체하는 것은 불 보듯 뻔한 일이다.

7년이란 시간이 흐른 2023년. 당시의 전망처럼 다양한 영역에서 사람을 대체하는 로봇의 활약을 찾아볼 수 있다. 공장이나 각종 생산시설에는 대부분 자동화 시스템이 구축되어 있고 식당이나 카페엔 사람 대신 서빙 로봇이 돌아다닌다. 이처럼 수많은 일자리가 사라지고 다시 등장하는 직업 트렌드 변화에 따라 청소년들의 진로 선택의 중요성은 나날이 강조되고 있으며, 사회 역시 그저 공부만 잘하는 수동적인 인재보다는 명확한 목표 아래 다양한 경험을 해본 능동적인 인재를 선호하는 경향을 보인다.

이에 질세라 교육계도 아이들이 올바르게 진로를 선택하고 결정할 수 있는 기반 확보에 촉각을 곤두세우고 있다. 교육부는 '2022 개정 교육과정'을 통해 학생의 자기관리 역량·지식정보처리 역량·창의적 사고 역량·심미적 감성 역량·협력적 소통 역량·공동체 역량의 증진을 도모하며 자율 및 자치활동과 동아리 활동, 진로 활동 등의 3개 영역을 구성했다. 또한 진로활동은 '진로 탐색 활동'과 '진로 설계 및 실천 활동'으로 세분화해 그 중요성을 더욱 강조하고 있다.

2025년부터 전체 고교에 전면 시행되는 '고교학점제'도 그중 하나다. 고교학점제는 대학교와 같이 학생들이 진로에 따라 다양한 과목을 선택 및 이수하고, 누적 학점이 기준에 도달할 경우 졸업을 인정해주는 제도이다. 가장 큰 특징으로는 학사운영 기준이 '단위'에서 '학점'으로 바뀐다는 것인데, 기존에 204단위(교과 180단위+창의적 체험활동 24단위)였던 졸업 기준이 192학점(교과 174학점+창의적 체험활동 18학점)으로 변경된다.

3년간 총 2,560시간(1학점당 50분 수업, 16회)의 수업을 들어야 하고, 각 과목 출석률(2/3 이상)과 학업 성취율(40% 이상)을 모두 충족하는 것을 기준으로 삼는다. 단, 최소 학업 성취율(40% 이상)에 도달하지 못한 학생은 별도의 과제를 수행하거나 보충 과정을 따로 이수하는 등의 미이수제 운영을 통해 다시 학점을 취득할 기회도 제공하고 있다. 한 교육 전문가는 칼럼을 통해 21세기는 양질의 정보를 많이 가진 사람이 강자인 시대로, 이 시대를 성공적으로 살아가기 위해서는 스스로 정보를 수집, 정리하고 그것을 자신의 것으로 만드는 '자기주도학습 능력'이 필요하다고 강조했다.

정보습득 기회가 많아진 지금은 단순히 학교에서 배운 지식만으로는 치열한 경쟁에서 살아남기 힘들다는 것인데, 기존의 '가르쳐야 한다'라는 '교육주의'에서 '학생 스스로 공부해야 한다'라는 '학습주의'로의 인식전환이 시급하다고 덧붙였다. 그러나 주입식 교육에 익숙한 아이들이 관습처럼 행해지던 것들을 한순간에 바꾸기란 지극히 어려우며, 틀에 박힌 사고에서 벗어나지 못하는 친구들이 여전히 많다. 가보지 않은 길에 대한 막연함과 두려움, 선택에 대한 불확신 등의 고민 또한 얼마든 예상 가능하다.

　'평온한 바다는 결코 유능한 뱃사람을 만들 수 없다(A smooth sea never made a skillful mariner)'라는 영국 속담이 있다. 자신이 원하는 꿈과 목표를 이루는 동시에 훌륭한 사람으로 거듭나기 위해서는 그에 따른 노력과 열정이 필요하다는 것이다. 때로는 실패와 좌절, 고통을 경험할 수 있지만 이러한 과정을 통해 스스로 개척해나가는 힘을 키울 수 있다는 것을 우리는 알아야 한다.

　수업과 상담을 통해 수많은 학생들을 만나며 진로를 찾아가는 과정에 대해 함께 고민했다. 이 책에는 그 모든 경험들이 쓰여 있다. 좋은 선택이 아닌 자신에게 힘이 되는 선택을 하고, 목표를 무작정 쫓는 것이 아닌 자신이 진정으로 원하는 목표를 찾고, '나다운 용기'를 내는 데 도움이 되길 진심으로 바란다.

'생각하는 대로 살지 않으면 사는 대로 생각하게 된다'라는 프랑스 소설가 폴 부르제(Paul Bourget)의 말을 되새기며, 이 책을 통해 진로를 고민하는 청소년들이 자신에 대한 새로운 발견을 하길 진심으로 바란다.

2023년 가을
**김태연 올림**

**목차**

 Chapter 4

# 진로 전략 밀키트 6종

## Chapter 5

## 예쁜진 않지만 특별한 너에게

# ✪ Chapter 1 ✪

# 나의 N번째
# 장래희망

# 너는 누구니?

'뷰카(VUCA)'는 현대 사회를 잘 반영하고 있는 대표적 용어다. V는 'Volatile'로 큰 변동성을, U는 'Uncertain'으로 불확실성을, C는 'Complex'로 복잡성, A는 'Ambiguous'로 모호성을 뜻한다. 뷰카(VUCA)는 군사용어로 처음 사용되었다가 디지털 기술이 급격하게 발전한 2000년대 이후부터는 빠르게 변모하는 현대 사회의 금융시장과 고용시장을 표현하는 용어가 되었다. 뷰카(VUCA)라는 용어만 보아도 현대 사회가 얼마나 급변하고 있는지 알 수 있다. 우리는 현대 사회와 함께 변화하는 새로운 산업구조에 적응하기 위해서라도 진로에 대해 깊이 고민해 볼 필요가 있다. 취업 포털 사이트《인크루트》는 성인 남녀 292명을 대상으로 '시간을 되돌릴 수 있다면 과거로 돌아갈 것인가?'에 대한 설문 조사를 진행했고, 이에 79.4%가 '돌아가고 싶다'라고 답했다.

## 시간 돌릴 수 있다면, 과거로 돌아가겠나?

| | |
|---|---|
| 79.4% | 돌아가고 싶다 |
| 13.2% | 돌아가지 않겠다 |
| 7.5% | 잘 모르겠다 |

출처: 디지털 조선일보 　　　　　자료: **취업포털 인크루트, 대상: 성인남녀 292명**

　가장 돌아가고 싶은 과거로는 고등학교 졸업 이전(17세~19세 무렵)이 27.5%로 1위를 차지했고, 대학교 졸업 이전(20세~26세 무렵) 25.7%, 초등학교 졸업 이전(13세 이전) 23.4%, 중학교 졸업 이전(14세~16세 무렵)이 21.2%로 그 뒤를 이었다. 또한 과거로 돌아가고 싶은 이유에 대해서는 '진로 설정을 다시 하고 싶어서', '제대로 시험·학업 준비를 하고 싶어서'가 각각 23.3%, 22.1%로 절반가량을 차지했다. '돌아가고 싶은 과거' 1위와 2위가 '진로선택과 사회생활을 앞둔 고등학교, 대학교 졸업 이전'인 것도 모자라 진로 재설정과 학업 준비 강화를 이유로 꼽았다는 것은 사회 구성원으로서 활발하게 사회생활을 하는 성인들 역시 진로에 대한 관심이 학생들과 별반 다르지 않다는 것을 말해 준다.

　현장에서 진로상담을 하다 보면 스스로에 대한 이해가 부족하고 '나다움'을 발견하지 못하는 학생들을 자주 만난다. 그런 학생들은 대부분 대학생이 된 이후에도 전공이 적성에 맞지 않아 깊은 고민에 빠지는데, 소위 명문대에 다니는 학생들도 예외는 아니다. 원하는 학교에 입학했지만, 내 길이 아니라는 생각에 새로운 진로를 고민하게 된다는 것이다.

**"공부를 왜 해야 하는지 모르겠어요."**
**"그냥 해야 하는 거니까… 참으면서 해요."**

10대 청소년들이 상담 중에 실제로 내게 하는 말이다. 진로란 자기 삶의 '방향성'이다. 진로라는 과정 안에 '진학'이 있다. 그래서 삶의 방향을 정하면 저절로 학습 동기가 생긴다. 예컨대 공부에 관심이 없던 한 학생이 진로를 탐색하다가 하고 싶은 것을 발견한다면, 그래서 그 일을 하기 위해 영어가 꼭 필요하다면, 누가 시키지 않아도 영어 공부를 시작할 것이다(부모님께 영어학원에 보내 달라고 조를지도 모른다).

진로 설정은 그 자체로 학습 동기를 유발하는 좋은 출발점이라고 할 수 있다. 진로 설정이 중요한 또 다른 이유로 학생들의 '자발적인 노력'을 꼽을 수 있는데, 꿈을 가지고 진로를 정한 학생은 5년 후, 10년 후의 '나'를 상상하며 그 상상 속의 나를 실현하기 위해 끊임없이 성찰하고 또 노력한다. 이것이 바로 진로 설정의 '힘'이다.

진로 설정에 있어 가장 중요한 건 다름 아닌 '자기 자신에 대한 이해'다. 수업시간에 학생들에게 자기 성격의 장단점을 5개씩 써보라고 하면, 한 글자도 쓰지 못하거나 검색하면 나오는 뻔한 내용을 나열하는 학생들이 꽤 많다. MBTI 유형은 속속들이 알고 있으면서 정작 자신이 어떤 사람인지는 모른다는 것이다. 진로란 결국 자신의 이야기다. 자신이 진정으로 좋아하는 일이 무엇인지, 자신에게 가장 가치 있는 일이 무엇인지 깨달아가는 거대한 과정인 것이다. 크고 작은 과정을 거치며 때로는 실패할 수도 있고, 때로는 넘어질 수도 있다는 걸 명심하자. 그렇게 우리는 각자의 길을 조금씩 '발견'하게 된다.

진로 상담을 하러 온 한 고등학생은 공부보다는 요리에 관심이 많았는데, 어느 날 문득 원데이 클래스에서 만들었다며 컵케이크 사진을 내게 보내왔다.

"선생님. 저는 가족과 친구들이 제가 만든 빵을 맛있게 먹을 때 가장 행복해요. 세상 모든 사람이 제 빵을 맛있게 먹는다면 어떤 기분이 들까요? 상상만 해도 가슴이 벅차올라요!"

그 말을 듣는 나는 덩달아 가슴이 뛰었다. 학창 시절엔 공부도 중요하지만 '나를 발견하는 일'을 게을리해선 안 된다. 머지않아 어른이 되면, 그땐 부모님과 선생님의 그늘에서 벗어나 스스로 인생의 방향키를 잡고 나아가야 하기 때문이다. 진로란 하루아침에 뚝딱 나오는 것이 아니다. 내가 좋아하는 일, 싫어하는 일, 추구하는 가치가 어디에 있는지 알아야 나에게 맞는 미래를 선택할 수 있다. '자기 이해'와 '나다움'은 개개인이 가진 가장 특별한 '경쟁력'이다.

20

진로 시간에 학생들에게 이렇게 물었다.

"꿈이 중요할까요? 돈이 중요할까요? 좋아하는 일이지만 돈을 적게 버는 일과, 좋아하지는 않지만 돈을 많이 버는 일이 있다면 여러분은 무엇을 선택할 건가요?"

학생들은 하나같이 '돈을 많이 버는 일'이라고 답했다. 미국 하버드대 교수였던 '마크 앨비온(Mark Albion)'은 그의 저서에서 〈MBA 졸업생 1,500명을 대상으로 한 20년간의 일과 보상의 관계〉를 소개했다. 이 실험에 참여한 학생들은 두 그룹으로 나뉘었는데, A 그룹은 돈을 먼저 번 이후에 하고 싶은 일을 하겠다는 학생들(83%)이었고, B 그룹은 처음부터 꿈을 쫓아 하고 싶은 일을 하겠다는 학생들(17%)이었다.

서로 다른 생각의 차이는 훗날 어떤 결과를 낳았을까? 20년 후 이들의 재산을 확인해본 결과 101명의 학생들이 백만장자가 되어 있었고 그중 100명이 B그룹 출신, A그룹 출신은 단 1명에 불과했다. 결국, 꿈을 쫓는 것이 곧 돈을 버는 것이었다. 그렇다면 우리는 꿈과 돈 중 무엇을 쫓는 것이 바람직할까?

그간 많은 Stress 견뎌내며
비로소 대리암이 되었다네
모든 게 완벽했던 그 어느 날
난 너를 만나게 된 거야
날 바라보는 눈이 날 부르는 소리가
내 맘을 녹여버리네
모든 게 완벽했던 그 어느 날
난 너를 만나게 된 거야
나는 대리암 염산과 반응하면
이산화탄소를 내며 녹는 대리암

안성진의 자작곡 〈대리암〉 가사 중 일부다. 과거 《슈퍼밴드》라는 경연 프로그램에서 이 노래를 불러 큰 호평을 받았다. 이어서 가속도의 법칙을 주제로 한 〈F=ma〉라는 곡도 선보였다. 그야말로 시험문제에나 나올 법한 가사였다. 그도 그럴 것이 당시 그는 학생들을 가르치는 지구과학 교사였고, 열정만 있으면 세상에 못 할 일이 없다는 걸 학생들에게 보여주고 싶었다고 말했다. 자신이 좋아하는 일, 하고 싶은 일을 하면서 돈을 버는 게 가능한 시대가 도래한 것이다.

미국의 한 대학 강당에 강연자가 나타나자 박수가 쏟아졌다. 연설자는 '버크셔 해서웨이'의 CEO, '워런 버핏(Warren Buffett)'. 강연이 끝난 후 한 청중이 이렇게 질문했다.

**"선생님이 세계 최고의 부자인 것은 누구도 부정할 수 없습니다. 성공의 비결을 말씀해주실 수 있나요?"**

그러자 버핏은 한 치의 망설임도 없이 대답했다.

**"부자가 되고 싶으신가요? 그렇다면 돈을 많이 버는 일보다 자신이 좋아하는 일을 하세요."**

《칠명바이오》의 공희준 대표는 고교생 창업가다. 중학교 때 친구가 준 곤충을 키우며 곤충을 좋아하게 되었고, 더 많은 곤충을 키우고 싶다는 마음으로 곤충 사료를 개발하게 되었다. 그렇게 고등학교 1학년 때 첫 사업을 시작했다. 그는 현재 단순한 사업가가 아닌 가치 있는 사업가가 되겠다는 마음가짐으로 '아프리카 프로젝트'를 준비하고 있으며, 곤충 사료 제조 기술을 아프리카에 전달해 식량부족 문제를 해결하고 싶다는 포부를 밝혔다.

"흔히 곤충을 미래 식량이라고 하는데요. 실제로 먹어보면 맛이 괜찮고 고단백 식품으로 영양가도 높아요."

단순히 돈을 많이 버는 사업가가 아니라 사회적으로 가치가 있는 일을 하고 싶다는 공 대표의 선한 기질이 그대로 드러나는 대목이다.

'나는 무엇을 하고 싶은가?'
'나는 무엇을 가지고 싶은가?'
'나는 어떤 존재가 되고 싶은가?'

그렇다면 먼저 자신의 꿈이 무엇인지 탐구해보자. '돈'과 '돈을 버는 것'은 그 자체로 목적이 될 수 없으며, 원하는 결과를 이끌어 내기 위한 하나의 '수단'일 뿐이라는 것을 명심하자.

# 하고 싶은 일을 한다는 것

**"건물주가 꿈이에요. 고정적으로 임대수입이 들어오고, 또 자유롭잖아요."**

몇몇 학생들이 농담하듯 던지는 이 말은, 진로를 고민하는 성인들에게서도 종종 들을 수 있다. 지금이야 공무원지원율이 많이 하락했지만, 불과 몇 년 전까지만 해도 공무원을 꿈꾸는 학생들이 제법 많았다. 1997년 IMF 외환위기를 겪으면서 낮은 급여와 경직된 조직 문화에도, 정년퇴직이 보장되고 비교적 안정적인 공무원의 인기가 하늘 높은 줄 모르고 치솟던 때가 있었다는 것이다.

한국고용정보원이 발표한 MZ세대의 직업가치관 변화분석보고서에 따르면 10년간 변함없이 1위를 유지하는 직업 가치관은 '몸과 마음의 여유'이고, '직업의 안정성', '성취감', '금전적인 보상'이 차례로 뒤를 이었다.

## 연도별 MZ세대 직업가치 순위 변화

(단위: 순위)

| 구분 | 2010 | 2011 | 2012 | 2013 | 2014 | 2015 | 2016 | 2017 | 2018 | 2019 |
|---|---|---|---|---|---|---|---|---|---|---|
| 성취 | 3 | 3 | 3 | 3 | 3 | 3 | 3 | 3 | 4 | 4 |
| 봉사 | 11 | 11 | 10 | 10 | 10 | 11 | 11 | 11 | 12 | 12 |
| 개별활동 | 12 | 13 | 13 | 13 | 12 | 12 | 12 | 12 | 11 | 11 |
| 직업안정 | 2 | 2 | 2 | 2 | 2 | 2 | 2 | 2 | 2 | 2 |
| 변화지향 | 7 | 7 | 7 | 7 | 8 | 8 | 8 | 8 | 8 | 8 |
| 몸과 마음의 여유 | 1 | 1 | 1 | 1 | 1 | 1 | 1 | 1 | 1 | 1 |
| 영향력 발휘 | 8 | 9 | 9 | 9 | 9 | 9 | 9 | 9 | 9 | 10 |
| 지식촉구 | 6 | 6 | 6 | 6 | 6 | 6 | 6 | 6 | 6 | 6 |
| 애국 | 13 | 12 | 12 | 12 | 13 | 13 | 13 | 13 | 13 | 13 |
| 자율 | 9 | 8 | 8 | 8 | 7 | 7 | 7 | 7 | 7 | 7 |
| 금전적 보상 | 4 | 4 | 4 | 4 | 4 | 4 | 4 | 4 | 3 | 3 |
| 인정 | 5 | 5 | 5 | 5 | 5 | 5 | 5 | 5 | 5 | 5 |
| 실내활동 | 10 | 10 | 11 | 11 | 11 | 10 | 10 | 10 | 10 | 8 |

출처: 한국고용정보원, 「MZ세대의 직업가치관 변화분석: 10년간(2010~2019년)변화를 중심으로」

이 표에서 알 수 있듯 요즘은 직업의 안정성보다는 개인의 여유가 더 중시되고, 보상과 성취를 선택의 주요 기준으로 삼는다. 종합 구인구직 사이트인 《사람인》에서 '2030세대' 2,000여 명을 대상으로 직업 가치관에 대한 조사를 했는데 이 결과만 보더라도 답이 나온다. 무려 80%에 달하는 사람들이 조건만 맞으면 얼마든 '기술직'에 종사할 수 있다고 밝힌 것이다. 그중 절반 이상이 '노력한 만큼, 혹은 자기 능력만큼 돈을 벌 수 있기 때문'이라는 이유를 덧붙였다. 무엇을 먹을지, 어디를 갈지, 언제 시작할지, 우리는 언제나 선택의 기로에 선다. 끊임없는 질문과 선택의 갈림길에서 자신이 추구하는 가치를 반영한 후, 그 모든 것들을 실행에 옮기고 있는 것이다.

고등학교 1학년인 예진이 얘기를 잠깐 해보겠다. 예진이는 어릴 때부터 치과의사가 되고 싶었다. 특별한 이유는 없다. 그냥, 되고 싶어 했다. 그러나 학업성적이 좋지 않아 늘 고민했고, 노력으로 어느 정도 성적을 올리긴 했으나 원하는 목표를 이루기엔 아무래도 역부족이었다. 고등학교에 진학하기 전 진로 상담을 시작했고, 상담을 통해 치과의사가 되고 싶은 이유 등을 도출해 나가기 시작했다. 또한 그것을 토대로 예진이의 직업 가치관 역시 면밀하게 살펴보았다. 예진이는 전문인으로서의 발전성, 영향력, 사회적 공헌이라는 가치를 찾았고, 직업 가치관이 올바로 성립되자 성적도 자연스레 좋아졌다. 물론 예진이는 지금도 꿈을 향해 힘차게 도약 중이다.

IT 스타트업 회사 《비트바이트》의 안서형 대표는 IT특성화고등학교에 진학해 창업에까지 손을 뻗은 성공한 사업가다. 초등학교 6학년 때 〈마우스 피하기〉라는 게임을 만든 이후부터 '개발자'라는 꿈이 생겼다.

**'지하철에 앉은 옆 사람이 내가 만든 소프트웨어를 쓰고 있을 정도로 유**

명한 소프트웨어를 만들고 싶어. 사람들의 생활에 편리함을 주고, 사회를 이롭게 하는 멋진 소프트웨어 개발자가 될 거야!'

　중학교 시절, 스마트폰에서 얻은 아이디어로 특허청에 출원도 해 보았지만 그리 만족스럽지가 않았다. 꿈을 위해 IT특성화고등학교에 진학해 다양한 활동에 참여했고 고등학교 1학년이던 2014년, 대기업 공모전 참가에 앞서 팀 '비트바이트'를 결성했다. 그렇게 10대와 관련된 사회문제를 소프트웨어로 해결해 보겠다는 문제의식을 가지고 바른말 사용을 유도하는 자아 성찰 키보드, 〈바른말 키보드〉를 개발하기에 이른다. 대학 진학 후 본격적으로 사업을 시작하면서 조금씩 성과를 인정받게 되었고 2022년 10월, 2년간 약 5억 원의 연구개발자금을 지원받는 스타트업으로 선정되었다. 안서형 대표는 말한다.

　"여러분도 여러분이 좋아하는 일을 하세요. 그래야 그 일에 헌신할 수 있고, 큰 성과 또한 낼 수 있으니까요."

　진로 탐색 시 가장 중요한 것은 다름 아닌 '직업 가치'이다. 코로나19를 겪으면서 우리는 영화에나 있을 법한 상황과 끊임없이 마주했다. 방호복을 입고 병실을 오가는 구급대원들과 생사의 갈림길에서 악착같이 환자를 살피던 의료진들…. 직업 가치를 우선으로 여기지 않았다면 그들이 그 많은 생명을 죽음으로부터 건져내지 못했을 것이다.

# 불확신이 주는 불안함

음식 메뉴 고를 때, 쇼핑할 때, 옷을 입을 때, 누구나 한 번쯤 '내가 결정장애인가?'라는 생각을 해보았을 것이다. 그렇다면 이 '결정'이라는 것은 왜 항상 우리를 따라다니며 괴롭히는 것일까? 너무 많은 선택지, 완벽주의 성향, 타인의 시선 등 이유는 다양하다.

## 작은 문제에도 결정의 어려움을 느끼는 이유?

| | |
|---|---|
| 선택지가 너무 많음 | 68.1점 |
| 완벽주의 성향이기에 최선의 선택지 골라야 하는 부담감 때문에 | 60.8점 |
| 타인의 시선 의식해 최선의 선택지 골라야 하는 부담감 때문에 | 54.1점 |
| 타인을 배려해 모두가 만족하는 보기 골라야 하는 부담감 때문에 | 54.4점 |
| 선택지는 적은데 마음에 드는 것이 없음 | 52.3점 |

출처: 디지털 조선일보

특히 진로 선택은 자신의 미래를 선택하는 일이기에 신중할 수밖에 없고, 그에 따른 충분한 시간 역시 필요하다. 잘못된 선택으로 진로를 바꾸는 경우도 있는데, 더 큰 문제는 선택조차 하지 못하는 사람들이 많다는 것이다. 물론, 그렇다고 너무 낙심할 필요도 없다.

중앙대학교에서 재학생 4,140명을 대상으로 설문 조사를 실시한 결과, 전공 선택 시 진로를 고려하였음에도 현재 진로 결정에 어려움을 겪고 있는 학생들이 많다는 것이 밝혀졌다. 그 이유에 대해서는 '나의 능력과 역량을 모르겠다'는 답변이 32%, '나의 흥미와 적성을 모르겠다'는 답변이 22%로 스스로에 대한 정보 부족이 가장 큰 비중을 차지했다. 이 결과에서 알 수 있듯이 진로 결정의 어려움은 안타깝게도 전공을 선택한 이후에도 계속된다.

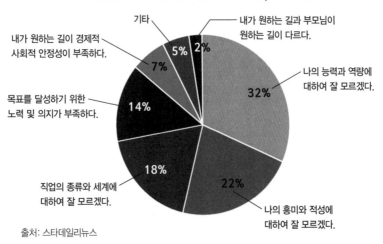

**진로 결정에 어려움을 겪고 있다면, 그 이유는?**

기타

내가 원하는 길과 부모님이
원하는 길이 다르다.

내가 원하는 길이 경제적
사회적 안정성이 부족하다.

5%  2%

7%

나의 능력과 역량에
대하여 잘 모르겠다.

32%

목표를 달성하기 위한
노력 및 의지가 부족하다.

14%

18%

22%

직업의 종류와 세계에
대하여 잘 모르겠다.

나의 흥미와 적성에
대하여 잘 모르겠다.

출처: 스타데일리뉴스

'모르는' 불확실함은 진로를 결정하는 데 가장 큰 걸림돌로 작용한다. 그렇다면, 확실한 것은 무엇일까? 상담을 하다 보면 늘 흥미로운 사실을 발견하게 되는데, 여러분은 여러분이 생각하는 것 이상으로 많은 것을 하고 있고 또한 많은 것을 할 줄 안다는 것이다. 우리는 평생을 살면서 세상의 면면을 다 알지 못하고, 다 알 수도 없다. 해결되지 않는 고민을 하기엔 인생은 너무 짧고도 귀하다. 그렇다면 걱정보다는 비전에 더 집중해야 하지 않을까?

빅토리아 알렌(Victoria Arlen)은 열한 살인 2006년, 희소병에 걸려 식물인간 상태가 되었다. 움직일 수도, 말할 수도 없었다. 가족들의 사랑과 희생으로 2010년, 기적적으로 깨어났지만 신생아처럼 모든 걸 처음부터 다시 배워야 했다. 말하고, 먹고, 걷고, 쓰는 것부터 말이다. 알렌은 반신불수인 상태로 고등학교에 입학했고 친구들로부터 따돌림을 당하기에 이른다.

어느 날 알렌은 오빠들의 장난으로 수영장에 빠지게 된다. 그때부터 수영에 관심을 갖기 시작, 매일 8시간씩 하루도 거르지 않고 수영을 했다. 급기야 2012년에는 미국 국가대표 자격으로 패럴림픽에 출전해 세계신기록을 세우며 3개의 은메달과 1개의 금메달을 목에 걸었다. 무모하다는 주위에 반응에도 불구하고, 오직 걷겠다는 신념 하나로 2013년부터 본격적인 재활을 시작했고 그로부터 2년 후, 세상에 첫발을 내딛게 되었다.

**"자신에 대한 믿음을 절대 잃지 마세요. 그 믿음이 깨진 이후에는 아무 것도 이뤄낼 수 없습니다."**

그녀가 미국 최고의 스포츠 채널인 ESPN 프로그램의 MC가 되기 까지는 가족들의 열렬한 응원과 지지도 한몫했겠지만, 그 모든 것을 가능케 한 스스로 불태운 강한 의지가 바탕에 깔려 있었기 때문이리라….

학생들이 가장 많이 좌절할 때가 언제냐고 묻는다면 '고등학교 입학 후 첫 중간고사 성적표를 손에 쥐었을 때'라고 답할 수 있다. 그들은 생각했던 것보다 훨씬 낮은 성적에 낙담하며 자신의 등급을 자신이 매겨버린다. 참으로 어리석은 행동이 아닐 수 없다. 걸을 줄 모르기 때문에 걷게 되었고, 수영할 줄 모르기 때문에 수영할 수 있게 되었다는 걸 모르는 채로 말이다.

자신이 어떤 사람인지 판단하기엔 아직 너무 이르다. 현재의 자신이 아닌 미래의 자신이 무엇을 하게 될지 상상하며 끊임없이 노력하고 연습해 보자. 물론 매일 노력하고 연습한다고 해서 반드시 그 분야의 최고가 될 수 있는 건 아니다. 미국 역사상 최고의 지성인으로 손꼽히는 벤자민 프랭클린(Benjamin Franklin)은 50여 년간 거의 매일 체스를 두었지만 실력은 의외로 평범한 수준이었다. 1만 시간의 법칙은 '얼마나 오래'가 아니라 '얼마나 올바른 방법'으로 실행했는가에 달려 있다. '1만'이라는 시간에 집착하지 말고, 그 시간을 활용하는 방법과 효율성에 대해 고민하는 것이 훨씬 바람직하다는 것이다.

> 고등학생이 되는 민석이는 성실하고 책임감이 강한 친구다. 학교 수업에 성실하게 참여하고 큰일이 아니라면 학원수업에 빠지는 일도 없다. 방학 중에는 관리형 독서실에서 아침부터 저녁까지 공부한다. 그러나 성적은 늘 중하위권. 부모님도 민석이의 노력을 모르는 건 아니지만 답답한 마음을 숨길 길이 없다. 공부하기 싫어하는 것도 아니기에 안타까움이 더 크다. 물론, 이런 마음은 민석이도 마찬가지다.

상담을 시작하면서 민석이의 학습방법을 하나하나 점검했다. 일주일 동안의 학습량을 보고 부족한 부분이 무엇인지 체크하기로 했다. 아니나 다를까 민석이는 학습량에 비해 이해도가 낮았고 내가 요청한 대로 학원수업 내용을 녹음(선생님께 동의를 구하고), 2번씩 반복해서 들은 후 그걸 노트에 그대로 정리했다.

일주일이 지났을 때는 '익숙해지는' 경험을 했다. 주말에는 학원에서 배운 내용을 다시 설명하는 시간을 가졌다. 학습시간이 단축되었고 민석이는 비로소 조금씩 웃을 수 있었다.

**"같은 일을 반복하면서 다른 결과를 기대하는 것은 미친 짓이다."**

천재 물리학자 알버트 아인슈타인(Albert Einstein)이 한 말이다. 지금의 방법이 실패를 거듭하게 한다면 어떤 변화가 필요한지 의식적으로 탐구해야 한다. 단순히 오랜 시간을 들이는 것은 의미가 없다. 기계적인 노력이 아닌 의식적인 노력이 필요한 까닭이다.

# 시간이 없어서 못 한다는 말

"선생님, 주원이 학원 스케줄에 맞춰야 해서요."

6학년 주원이는 학원 네 곳에 다닌다. 다 끝나고 집에 가면 보통 저녁 8시. 이게 일상생활이 된 지도 벌써 2년이다. 일주일 만에 만난 주원이에게 무언갈 물어보면 잠시 생각하는 모습을 보이다가 같은 대답을 반복한다.

"주원이는 주말에 뭐하면서 시간 보내?"

"모르겠어요."

"주원이는 하고 싶은 게 뭐야?"

**"없어요."**

학교, 학원, 집… 다람쥐 쳇바퀴 돌듯 반복되는 일상에 무기력해질 만도 하다. 아동·청소년 인권실태 보고서에 따르면 정규 수업시간 외에 하루에 3시간 이상 공부하는 초등학생이 무려 41.4%에 달했고, 중학생과 고등학생은 각각 46.1%, 48.6%로 초등학생의 비율을 훨씬 웃돌았다. 반면 하루 3시간 이상 여가 시간을 보내는 고등학생은 27.3%, 중학생은 36.6%, 초등학생은 45.3%로 나타났다. 대부분의 학생들이 학교와 학원을 오가며 바쁜 하루를 보낸다. 학업 스트레스를 해소하거나 취미 활동을 할 시간이 부족한 건 부정할 수 없다.

## 평일 공부 시간 (연도별 추이)

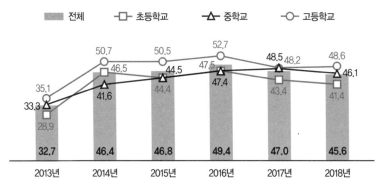

*주: '3~4시간', '4~5시간', '5~6시간' '6시간 이상'의 합계(단위: %)

출처: 최창욱 외(2018), 아동·청소년 권리에 관한 국제협약 이행연구: 한국 아동·청소년 인권 실태 2018 총괄보고서, 한국청소년정책연구원

고등학교 학급 게시판에 붙은 〈자신에게 하고 싶은 한마디 말〉의
글을 여기에 잠시 빌려온다.

고등학생이 되면 이름도 '고3'이 된다. 고등학생들은 버티는 게 이
기는 거라고 당연하다는 듯 말한다. 자신과의 싸움에서 승리하고 원
하는 대학에 진학했다고 치자. 대학생이 되면 꿈을 향해 도약할 수
있는 충분한 시간이 주어질까? 모르긴 몰라도 미래에 대한 불안감이
중고등학교 때의 몇 배로 심해질 것이다. '중2병'이라는 말이 있는데,
진로 설정에 대한 회의와 불확신 때문에 이른바 '대2병'을 앓는 친구
들도 적지 않다.

바야흐로 4차 산업혁명 시대…. 세상이 달라졌다. 사회는 지금 이 순간에도 급속하게 발전하고, 그에 따라 지식이 아닌 새로운 가치를 만들어 낼 수 있는 인재를 요구한다. 그렇다면, 새로운 가치를 만들어낼 충분한 시간이 우리에게 허락되는가? 초등학교 5학년부터 입시경쟁이 시작되고 너도나도 '열심히병'에 걸려 앞만 보고 뛴다. 꿈과 목표를 향해 정진할 기회조차 없다고 느낄 수 있지만, 그렇다고 불평만 늘어놓을 수도 없다.

> 모든 사람들의 마음속에는 좋은 소식이 있다.
> 바로 자기 자신이 얼마나 위대해질 수 있는지,
> 얼마나 많은 사랑을 베풀 수 있는지,
> 얼마나 많은 것들을 이룰 수 있는지,
> 그 잠재력의 크기를 가늠할 수 없을 만큼
> 한계가 없다는 것이다.
>
> – 안네 프랑크(Anne Frank)

학원을 다니고, 학업에 사력을 다하는 모습을 부정하지 말자. '꿈'을 시간적인 여유가 있어야만 꿀 수 있는 것처럼 특별하게 여기지도 말자. 다만 나의 일상에 호기심을 갖고, 자극이 될 만한 거리를 만들자. 예컨대 커뮤니티에서 다른 관점을 가진 친구들과 '모둠 활동'을 하거나 평소에 하지 않던 운동, 혹은 '원데이 클래스'에 가서 새로운 활동을 도전해 보는 등의 일 말이다. 지루한 삶에 활력을 불어넣는 건강한 이벤트가 될 수 있다(하다못해 새로 산 물건의 후기를 기가 막히게 남겨보는 일도 좋은 에너지를 만들어낼 수 있고…). 그 밖에도 독서 토론대회 참가, 학교 축제 때 안무 짜기, 콘서트나 전시회 관람, 방학 중 친구들과의 여행 등을 통해 경험의 양을 늘리고 동시에 그 안에서 새로운 비전을 찾게 될 수도 있다.

> 자신의 꿈을 만들어가지 못하면
> 언젠가 남의 꿈을 이루는 데 이용될 것이다.
>
> – 무케시 암바니(Mukesh Ambani)

우리나라의 교육이 학업과 성적에 치중되어 있는 것은 사실이지만, 꿈에 대한 설계를 게을리하지 않으면 그동안 보지 못했던 전혀 새로운 모습의 '나'를 발견하게 될 것이다. 삶은 그렇게 끊임없이 무언가를 발견해나가는 긴긴 여행이다.

# 나를 응원하지 않는 가족

중학교 3학년인 희정이는 밝은 얼굴과 달리 목소리에 자신감이 없었다.

"선생님, 저는 특성화고에 진학해서 디자인을 전공하고 싶은데 아빠가 반대하실 것 같아요."

왜 그렇게 생각하는지, 그리고 반대하실 것 같다는 건 아직 이에 대해 말을 해보지 않은 게 아니냐고 되묻자 희정이는 아빠가 별로 좋아하지 않는다는 식으로 얼버무렸다.

중학교 2학년인 세희와 쉬는 시간에 잠깐 얘기할 기회가 있었다.

"저는 연예인이 되고 싶은데 엄마가 싫어하세요. 엄마는 지금 대기업에 다니시는데, 일단 열심히 공부해서 좋은 회사에 취업하라고 하시네요."

중학교 3학년인 중호는 공부 욕심이 많지만, 어머님의 생각은 조금 달랐다.

"중호도 참, 저렇게까지 하지 않아도 되는데… 겪어 보니 공부만 잘한다고 해서 다 잘되는 건 아니더라고요."

중학교 2학년 정혁이 어머님은 공부에 집중해야 할 시기임에도 불구하고 단지 돈을 많이 벌고 싶다는 이유로 투자와 창업에만 몰두해 있는 정혁이 걱정에 밤잠을 설친다고 고백했다.

"벌써부터 돈 욕심이 저렇게 있어서야 원, 나중에 뭐가 되려나 모르겠어요."

위 네 가지 사례만 보더라도 부모 자식 간의 생각 차이가 크다는 것을 알 수 있다. '누가 맞다' 혹은 '누가 틀렸다'라고 딱 잘라 말할 수는 없지만, 이러한 생각의 차이가 크면 클수록 대화는 단절되기 마련이다. 아이들이 자기가 원하는 꿈과 목표를 명확히 설정하고 자기주도적으로 이를 실행해나간다면 더할 나위 없이 좋겠지만, 진로선택에 있어 부모님이나 주변의 도움이 필요한 학생들이라면 위의 사례와 같은 갈등을 얼마든지 겪을 수 있다. 물론 진로 문제는 아이의 미래

와 직결되기에, 까다롭고 냉정한 모습을 보여야 하는 부모님의 입장
도 충분히 이해가 된다.

## 직장인이 희망하는 자녀직업 1위 '공무원'

| | |
|---|---|
| 46.4% | 희망하는 자녀 직업 있다 |
| 24.8% | 공무원 |
| 15.2% | 의사 / 약사 |
| 7.6% | 교사 |
| 5.7% | 변호사 / 판사 |
| 4.8% | 요리사 |
| 4.8% | 대기업 직장인 |

출처: 잡코리아          *자녀가 있는 직장인 453명 조사 / 자료 제공: 잡코리아×알바몬

　잡코리아와 알바몬이 자녀가 있는 직장인 453명을 대상으로 '미래
의 자녀 직업'에 대한 설문 조사를 진행했다. '자녀가 원하는 직업이
면 무엇이든 상관없다'는 응답자가 53.6%로 가장 많았고, '희망하는
미래의 자녀 직업이 있다'는 응답자도 46.4%로 절반 가까운 비중을
차지했다. 이들이 희망하는 미래의 자녀 직업으로는 공무원 24.8%,
의사·약사 15.2%, 교사 7.6%, 변호사·판사 5.7%, 대기업 직장인
4.8%로 집계되었고 희망하는 이유에 대해서는 '스트레스를 가장 적
게 받을 것 같기 때문'이라는 답이 32.2%, '정년 없이 일할 수 있어서'
가 14.6%, '근무환경이나 복지제도가 우수하기 때문'이 14.1%로 그
뒤를 이었다.

4차 산업혁명 시대와 포스트 코로나 시대가 중첩되며 IT 관련 개발자를 원하는 부모님이 늘고 있지만, 대부분의 부모님은 비교적 안정적인 직업을 선호했다. 반면 학생들의 경우 교사나 의사, 간호사, 경찰관 등 익숙한 직업군보다는 크리에이터나 연예인, 운동선수 등 부모님들의 원하는 직업군과는 거리가 있는 직업을 선호하는 경향을 보였다.

흥미로운 사실은 '좋은 대학'을 나와 '좋은 직장'에 취직하는 것을 '최고의 성공'으로 여겼던 과거와 달리 지금 세대의 성공은 '그 너머의 무언가를 찾기 위함'에 큰 의미를 두고 있다는 것이다. 부모님들도 이 점을 간과해서는 안 된다. 우리가 살아가는 현시대에는 수많은 직업이 나타났다 사라지기를 반복한다. 인공지능(AI) 기술의 발달로 사람이 하던 많은 일들이 AI로 대체될 거라는 우려의 목소리도 나오고 있으며, 아이들이 살아갈 미래 역시 이러한 변화를 지속할 것으로 예측된다.

이 같은 현상으로 미루어 볼 때, 특히 부모와 자녀의 직업적 가치관이 다르다고 서로를 배척해서는 안 된다. 갈등은 또 다른 갈등으로 이어져 새로운 문제를 불러일으키기 때문이다. 이 문제의 해결을 위해 학생은 진로에 대해 충분히 고민하고 준비해야 하며, 무엇보다 이 직업으로 말미암아 '행복할 수 있겠다'라는 확신을 가져야 한다.

스스로 직업에 대한 확신이 없는데 어떻게 부모님을 설득할 수 있겠나? 확신을 보여야 부모님 입장에서도 자녀의 진로에 대한 신뢰가 생기고, 상호 간의 공감대가 형성되어 꿈과 목표를 달성하기 위한 노력을 함께 해나갈 수 있다.

## 실제 학생들의 포트폴리오 자료

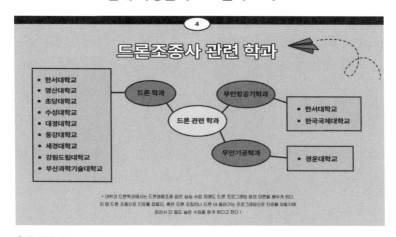

출처: 저자 제공

출처: 저자 제공

## 제과제빵 입시

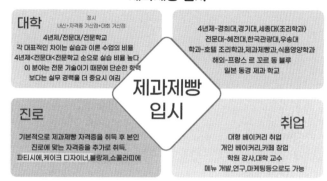

**대학**
정시
내신+자격증 가산점+대회 가산점

4년제/전문대/전문학교
각 대표적인 차이는 실습과 이론 수업의 비율
4년제<전문대<전문학교 순으로 실습 비율 높다
이 분야는 전문 기술이기 때문에 단순한 학력
보다는 실무 경력을 더 중요시 여김

4년제-경희대,경기대,세종대(조리학과)
전문대-혜전대,한국관광대,우송대
학과-호텔 조리학과,제과제빵과,식품영양학과
해외-프랑스 르 꼬르 동 블루
일본 동경 제과 학교

**제과제빵 입시**

**진로**

기본적으로 제과제빵 자격증을 취득 후 본인
진로에 맞는 자격증을 추가로 취득.
파티시에,케이크 디자이너,불랑제,쇼콜라띠에

**취업**

대형 베이커리 취업
개인 베이커리,카페 창업
학원 강사,대학 교수
메뉴 개발,연구,마케팅등으로도 가능

출처: 저자 제공

## 제과제빵 자격증

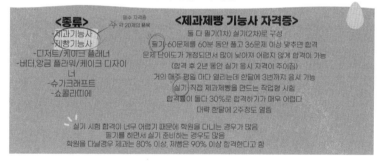

**<종류>**
-제과기능사
-제빵기능사
-디저트/케이크 플래너
-버터,앙금 플라워/케이크 디자이
너
-슈가크래프트
-쇼콜라띠에

필수 자격증
각 20개의 품목

**<제과제빵 기능사 자격증>**

둘 다 필기(1차) 실기(2차)로 구성
필기-60문제를 60분 동안 풀고 36문제 이상 맞추면 합격
문제 난이도가 개정되면서 많이 낮아져 어렵지 않게 합격이 가능
(합격 후 2년 동안 실기 응시 자격이 주어짐)
거의 매주 평일 마다 열리는데 한달에 3번까지 응시 가능
실기-직접 제과제빵을 만드는 작업형 시험
합격률이 돌다 30%로 합격하기가 매우 어렵다
대략 한달에 2주정도 열림

실기 시험 합격이 너무 어렵기 때문에 학원을 다니는 경우가 많음
필기를 하면서 실기 준비하는 경우도 많음
학원을 다닐경우 제과는 80% 이상, 제빵은 90% 이상 합격한다고 참

출처: 저자 제공

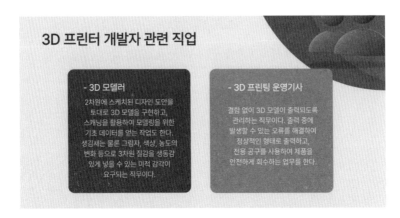

일반고에 다니는 가영이는 2학년이 되면서 공부에 대한 회의감이 커지기 시작했다. 일반고에서 남들과 똑같이 공부하는 것은 제빵사가 꿈인 자신에게 별 의미가 없다는 생각 때문이었다. 가끔 원데이 클래스를 통해 쿠키를 만들곤 했는데 그것이 가영이의 유일한 낙이었다. 하지만 가영이 부모님은 가영이가 남들처럼 평범하게 대학에 진학해 안정적인 직장에 취업하길 바랐고, 자신의 생각과 전혀 다른 부모님과 딱히 나눌 얘기가 없었던 가영이는 침묵하는 시간이 길어졌다.

**"저··· 선생님. 저 제빵사 되고 싶어요···."**

진로상담 중에도 가영이는 제빵사가 되고 싶다는 말을 쉽게 꺼내지 못했다. 3주 차가 지나서야 조심스럽게 꿈에 대한 얘기를 꺼낸 가영이와 함께 제빵사가 되기 위해 갖춰야 할 지식과 능력에 대한 탐색을 시작했다. 나아가 그것을 가영이의 성격과 흥미, 적성 등과 연관해 상담을 이어갔다. 포트폴리오를 만들면서 가영이는 처음 상담을 시작했을 때보다 표정과 목소리가 많이 밝아졌고, 꿈에 대한 확신과 자신감을 갖게 되었다. 일반고에 다니면서 자격증을 취득할 구체적인 포트폴리오를 만든 후, 가영이의 생각과 진로 방향성에 대해 가영이 부모님께도 말씀을 드렸다. 대화를 통해 서로 다른 생각을 절충시키고자 노력했고, 그때부터 가영이 부모님 역시 가영이의 생각을 조금씩 받아들이기 시작했다.

이렇듯 대화는 문제의 가장 큰 해결책이 될 수 있으며 학교의 진로상담사, 선생님, 신뢰할 수 있는 어른 등 중립적인 입장에서 조언해

줄 수 있는 중재자를 찾아 도움을 청하는 것도 하나의 방법이 될 수 있다. 부모님이 자신의 꿈에 완전히 동의하지 않는다면 새로운 타협점을 모색해볼 필요도 있다. 자신의 우선순위와 가치를 고려해 부모님과 협의하며 조화로운 결정을 내리고자 하는 성숙한 자세가 필요한 시점이다.

이때 중요한 것은 부모님과의 의견 충돌을 단순한 대립으로 보지 말고, 지속적으로 이해와 협력을 추구해 나가야 한다는 것이다. 생각은 누구나 다를 수 있다. 자신의 생각과 의견을 같은 관점에서 바라볼 수 있도록 유도하고, 이에 대해 진심 어린 대화를 나눌 수 있는 힘을 기른다면 부모님과의 갈등은 저절로 줄어들 것이고, 반대로 꿈에 대한 열정과 의지는 한층 높아질 것이다.

# 자퇴, 올바른 선택일까?

"선생님, 제가 유학을 가면 어떨까요? 유학 가는 게 여기서 공부하는 것보다 나을 것 같아서요."

진로상담을 하다 보면 의외로 자퇴나 유학을 고민하는 학생들을 자주 만나볼 수 있다. 이런 학생들 대부분은 자신이 좋아하는 일과 대학 입시에 치중된 우리나라 교육시스템 사이에서 갈피를 잡지 못하고 방황한다. 이러한 방황이 길어지면 길어질수록 우울감은 심해지고, 더러는 불안증세를 보이기도 한다.

디지털 미디어 그룹 《유니브》가 학생들을 대상으로 '한국 학생이 힘들어하는 가장 큰 이유'에 대해 조사했는데 '무작정 공부만 시켜서', '시간이 없어서', '꿈에 대해 너무 많은 질문을 해서', '친구들과의 경쟁이 싫어서', '비교당해서' 등의 이유가 쏟아져 나왔다. 공부가 가장 쉽다는 얘기를 귀에 못이 박히도록 들어왔지만 정작 자신이 왜 공부를 해야 하는지, 공부로 얻을 수 있는 게 무엇인지 모르는 학생들이 여전히 많았다. 이는 2위를 차지한 '부족한 시간'과도 밀접한 관련이 있다.

내가 하고 싶은 일이 분명히 있는데 공부 때문에 그걸 실천하기 어렵다면, 공부를 해야 하는 동기가 결여되고 만족도나 성취감 역시 떨어질 수밖에 없다. 말하자면, 자신의 미래를 위해 자퇴나 유학을 선택하는 친구들도 있으나 대부분은 가슴속에 불만이 가득 쌓여도 그걸 풀어내지 못하고 매일같이 공부와 씨름한다는 것이다. 이러한 상황이 지속되면 '남들이 하니까 나도 한다'는 식의 수동적인 체계로 사고가 변질될 우려가 있다.

몇 해 전 여성가족부에서 학교 밖 청소년(자퇴, 미진학, 면제 등 사유로 공교육을 받지 않는 청소년) 2,489명을 대상으로 '학교를 그만둔 이유'에 대해 조사했는데, '학교에 다니는 게 의미가 없기 때문'이라는 답변이 37.2%로 가장 많은 비중을 차지했다. '다른 곳에서 내가 원하는 것을 배우기 위해'가 29.6%, '공부하기 싫어서'가 18.6%로 그 뒤를 이었고, 학교 밖 청소년의 58.1%는 '자퇴를 후회하지 않는다'라고 답변하기도 했다.

# 2021 학교 밖 청소년 실태조사 발표자료

## 학교를 그만둔 시기와 이유

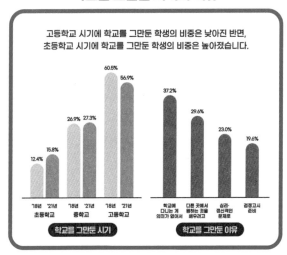

고등학교 시기에 학교를 그만둔 학생의 비중은 낮아진 반면,
초등학교 시기에 학교를 그만둔 학생의 비중은 높아졌습니다.

출처: 여성가족부

## 향후 진로에 대한 계획

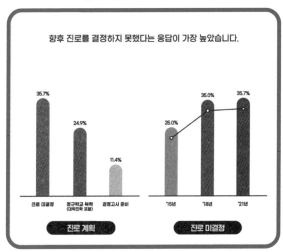

향후 진로를 결정하지 못했다는 응답이 가장 높았습니다.

출처: 여성가족부

한때 청소년들 사이에서는 이른바 '자퇴 브이로그'가 유행했다. 자퇴의 과정과 순간들을 영상 기록으로 남기는 것이다. 90년대까지만 해도 '학교'를 '곧 죽어도 가야 하는 곳'으로 여겼으나 정형화된 교육 시스템에서 벗어나 자신의 미래를 위한 '주체적 선택자'가 되고자 하는 인식의 변화가 지속적으로 감지되고 있다. 특히 학교에 다니지 않고도 성공의 반열에 올라선 연예인이나 크리에이터들의 사례는 때로 학교생활과 학업을 더욱 무의미하게 만들곤 하는데, 그에 따라 자신이 하고자 하는 일을 위해서는 언제든 학교를 떠날 수 있다고 생각하는 청소년도 적지 않다.

자퇴는 '고2병'이라고도 부를 만큼 고등학교 2학년 학생들의 비율이 높다. 결국 모든 것이 본인의 선택이겠지만, 명확한 목표를 세우지 않고 자퇴나 유학을 감행하면 방황의 골이 더 깊어질 수 있다는 점을 잊어선 안 된다. 초등학교나 중학교 때는 '가능성'이 장래의 큰 부분을 차지했겠지만, 고등학교 2학년쯤 되면 가능성보다 '현실적인 선택'의 무게가 훨씬 무거워지기 때문이다.

자퇴가 일생을 좌우하는 중대한 선택인 것은 틀림없다. 또한 진로 계열 변경, 홈스쿨링, 대안 교육 등 학교 수업을 대체할 학업 계획이 구체적이고 능동적인 '목표지향형 자퇴'라면 존중받을 만하다. 그러나 먼저 자퇴한 친구에 대한 동경심, 뚜렷한 계획 없이 그저 현실을 회피하기 위한 수단으로 자퇴를 하고자 한다면 다시 한번 신중히 고려해볼 필요가 있다. 유학도 마찬가지다. 어떤 나라의 어떤 학교에서 어떤 공부를 하고 싶은지, 유학을 통해 어떤 경험과 얼마큼의 역량을 쌓고 싶은지, 또 그 이유는 무엇인지, 그곳의 교육체계와 문화가 자신에게 적합한지, 이 모든 것들을 신중하게 고려한 후 명확한 목표를 세워야 할 것이다.

'인생은 선택의 연속'이라는 말이 있다. 선택은 우리 삶의 방향을 결정하며, 어떤 선택을 하느냐에 따라 우리의 미래 또한 달라진다. 선택은 우리에게 책임감을 심어주고, 자신의 진로에 대해서는 그 어떤 때보다 신중할 것을 요구한다. 나의 선택이 어떤 결과를 불러올지 아직은 알 수 없으며, 당연히 실패를 경험할 수도 있다. 실패란 것은 성공의 여정에 있어 피해갈 수 없는 베이스캠프일지도 모른다. 중요한 것은 실패로부터 배우고 습득하여 앞으로 나아가는 능력이다. 예측도 선택도 더 나은 방향을 찾기 위한 기회이며, 이를 통해 우리는 한 걸음 더 나아갈 수 있을 것이다.

막상 자퇴를 하게 되면 아쉬운 점도 있다. 축제, 동아리 활동, 수학여행, 급식을 먹으며 친구들과 나누던 시시콜콜한 대화 등 아무것도 아니라고 생각했던 일상적인 즐거움이 한순간에 사라질 수 있다는 것이다. 무엇보다 학교생활을 하는 친구들과 알 수 없는 벽이 생기게 되고 그로 인해 소외감을 느낄 수도 있다. 자퇴라는 과감한 선택을 단행한 이상 모든 책임은 자신에게 있으며, 이를 성공으로 이끄는 것도 결국 자신의 능력이란 것을 항상 기억하자.

우리에겐 스스로를 성장시키는 힘과 그 이상의 자신감이 필요하다. 자신의 꿈을 위해 자퇴를 고민하는 친구들에게 묻고 싶다. 자퇴라는 선택이 단순히 '현실회피를 위한 것'인지, 아니면 정말로 '자신의 꿈의 실현하기 위한 것'인지….

☆ Chapter 2 ☆

# 중요한 것은
# 꺾이지 않는 마음

# 세상이 원하는 나
# vs
# 내가 원하는 나

만약 '다른 사람이 내 삶을 결정하는 사회'에서 살아간다면 어떨까? 가령 학교 졸업식에서 "김민호 학생은 교사, 이채원 학생은 수의사로 진로가 결정되었습니다."라고 공표한다면? 운 좋게 자기 재능과 꿈에 부합하는 진로라면 어쨌든 받아들일 수는 있겠지만, 반대의 경우엔 억장이 무너질 만큼 괴로울 것이다.

영화《더 기버: 기억전달자》는 고통 없이 모두가 행복한 시스템 '커뮤니티'의 원로들이 모든 것을 결정하는 세계관을 그린다. 직업도 예외는 아니다. 주인공 조너스는 12살이 되던 해 직위 수여식에서 '기억전달자'라는 임무를 부여받게 되는데(원로들이 통제하는 인간의 다양한 감정, 예술 등의 과거 기억을 전달받는 유일한 존재) 훈련을 받으며 사랑, 고통, 슬픔 등의 감정을 알게 되고 마지막으로 '용기'를 알게 되었을 때, 개성과 다름이 인정받지 못하고 스스로 아무것도 결정할 수 없는 사회로부터의 탈출을 결심한다. 영화는 처음에 흑백이다가 차츰 채도를 높여 개인의 생각과 감정, 선택의 자유가 본래의 색깔을 되찾아 가고 있음을 보여준다.

이 세상은 21세기 대한민국과 비슷한 면이 있다. 우리는 주체적으로 삶의 방향을 결정하기보다는 규격화된 사회적 인식에 자신을 맞추며 살고 있다. '수학은 적성에 안 맞지만 문과로 가면 취업이 어려워', '조금 더 유망한 직업은 뭘까?', '역시 적성보단 학교 간판이겠지?' 등의 고민에 빠지는 것도 같은 이유다. 2005년, 스티브 잡스(Steve Jobs)는 스탠퍼드 대학교에서 다음과 같은 졸업 축사를 했다.

**"도그마(다른 사람의 원칙)에 빠지지 마세요. 그런 식으로 인생을 낭비해선 안 됩니다. 다른 사람이 정한 원칙이나 생각 대신 여러분 내부의 목소리에 귀 기울여야 해요. 가장 중요한 건 자신의 마음과 영감을 따르는 용기입니다."**

많은 실패와 좌절을 딛고 애플을 창업한 잡스의 말은 지금도 큰 울림을 준다. 자기 생각대로 용기 있게 살아간다는 것은 '나는 누구인가?'에 대한 답이 준비되어 있다는 뜻이기도 하다. 진로 선택은 자신을 이해하는 것으로부터 시작되며, 그 과정이 만만치 않기에 오늘도 많은 학생과 부모님들이 무거운 마음으로 상담실 문을 두드린다.

국제중학교 2학년 예성이는 요즘 부쩍 생각이 많다. 부모님은 예성이가 원하는 걸 하면 좋겠다고 말은 하지만, 현실적인 진로를 생각하면 막막하기만 하다. 공부를 썩 잘하는 편이지만 자신이 뭘 좋아하는지 모르기에 진로 선택이 쉽지 않다. 예성이가 잔뜩 풀이 죽은 목소리로 물었다.

**"시대가 많이 변해도 역시 안정적인 직업이 최고일까요?"**

고등학교 1학년 선우는 문과 쪽에 적성과 흥미가 있는 걸 알면서도 이과를 선택했다. "인문계열 대학을 졸업하면 취업이 어렵다고 해서 이과로 왔는데 힘들어 죽겠어요." 수행평가, 직업탐색 등 이과 쪽으로 맞춰진 모든 학교 활동이 매 순간 버거웠다. 목표한 대학에 합격해도 잘 다닐 수 있을지가 걱정이었다. 예성이와 선우 같은 학생을 만나면 우리나라 학생들이 좋은 성적, 좋은 대학, 안정된 직업에 지나치게 목매는 것 같아 안타까운 마음이 든다.

자아정체성이 확립되는 청소년기에는 다양한 경험과 내면을 탐구하는 시간이 필요하다. 이 과정에서 내가 누구이며, 무엇을 할 수 있는지에 대한 힌트를 얻을 수 있다. 그러나 우리의 교육 현실은 우리 모두를 '한 방향'으로만 뛰게끔 한다. 가장 빠르게 달려 결승선을 먼저 통과한 아이가 1등이 되는 것이다. 성적 만능주의가 팽배한 현실

속에서 학생들은 성적으로 남과 나를 비교하며 자신감을 잃어 간다. 정해진 길을 벗어나 다른 방향으로 가는 것은 더욱 두려운 일이다. 자칫 낙오자가 되지 않을까 하는 생각 때문이다. 그래서 자신이 추구하는 방향보다는 남들이 정해놓은 방향(대학, 직업)으로 자꾸 걸음을 옮긴다.

'2022년 개정 교육 과정'의 목표에 따라 교실도 변화를 꾀하고 있다. 무엇을 배워야 하는가보다 어떤 사람이 되어야 하는가에 학생들 스스로가 초점을 맞출 수 있게끔 한 것이다. 물론 진정으로 '생각하는 학생', '생각하는 교실'로 발전하려면 훨씬 더 많은 관심과 독려가 필요할 것이다. 인생에서 중요한 것은 속도가 아니라 방향이라는 것을 항상 가슴에 새기자. 세상이 원하는 길 위에서 경쟁하기보다는 자신의 내부 목소리에 귀를 기울여야 한다. '나의 재능은 무엇일까?', '나는 뭘 할 때 가장 즐겁고 행복할까?', '남들이 뭐라고 해도, 아무리 힘들어도 꼭 하고 싶은 것은 뭘까?' 이런 질문을 던지고 스스로에 대해 생각해 보는 것이 바로 진로 탐색의 첫걸음이다.

요즘 학생들의 희망 직업을 보면 세상이 급변했음을 실감한다. 유튜버, 뷰티 디자이너, 소프트웨어 개발자, 프로게이머, 자연 과학자 등 전에 없던 직업들이 희망 직업 상위권을 차지하고 있다. 앞서 언급했듯 4차 산업혁명 시대를 맞아 직업 위기를 걱정하는 목소리도 있지만, '나다움'만 있다면 불확실한 미래 속에서도 우뚝 설 수 있다.

'공부만이 살 길'이라는 생각으로 군중심리에 이끌려 가기보다는 나를 깊이 탐구하는 시간을 가져보자. 도그마에 빠져 있으면 한계에 부딪히고, 해결할 수 없는 고민거리 속에서 선택의 폭 또한 제한된다. 자기 탐구를 시작할 때 내가 어떤 능력을 갖춘 사람인지 비로소 알게 될 것이다. 사람은 평생 3가지~5가지 정도의 직업을 갖는다고 한다. 때로는 나보다 먼저 사회를 경험한 어른들을 통해 올바른 진로에 대한 힌트를 얻는 것도 좋은 방법일 수 있으며, 다양한 직업에 관한 지식 함양은 '직업 유연성'에 효과적일 것임이 분명하다.

이제, 스티브 잡스의 말처럼 '자신의 마음과 영감을 따르는 용기'를 가져보자. 《더 기버: 기억전달자》의 조너스가 선택의 자유를 알고 통제에서 벗어나고자 하는 용기를 냈을 때, 그의 세상은 흑백에서 컬러로 바뀌어 갔다. 세상이 말하는 기준이 아닌 나의 재능과 개성에 따라 진로를 선택할 용기를 낼 때, 여러분의 삶도 본연의 다채로운 빛깔로 반짝일 것이다.

# '진로'라는 첫 단추

예체능에 소질을 보이며 중학교 때 밴드로 활동한 하빈이는 고등
학교 입학을 앞두고 진행한 진로상담에서 생각지도 못했던 진로와
마주하게 되었다. 평소 친구들의 이야기를 들어주고 자신의 경험을
말하기를 좋아했던 하빈이는 인지심리학자라는 새로운 꿈을 꾸게 되
었고, 고등학교 입학 후 도전한 동아리 면접에서 새로운 목표에 대
한 의지를 확고하게 다질 수 있었다. 하빈이는 자신이 누구인지, 어
떤 방식으로 세상에 기여할 수 있을지 스스로 깨달으며 누구보다 생
생하게 꿈의 통로를 이동할 것이다.

올해 중학교에 입학한 진솔이는 최근 'ENA'에서 방영된 드라마
《이상한 변호사 우영우》를 보고 변호사가 되기로 결심했다. 드라마
가 주는 재미와 함께 주인공이 사건을 풀어나가는 모습을 보며 변호
사라는 직업에 매력을 느끼게 되었고, 자신의 미래 목표로까지 연결

시키게 된 것이다. 이처럼 진로 선택에 영향을 미치는 요인은 매우 다양하며 책이나 TV 프로그램, 특강 등으로부터 예측하지 못한 때에 불쑥 찾아오기도 한다. 이는 마치 우연에 기댄 것처럼 보일 수 있으나, 진로 선택에 있어서는 이러한 우연을 '스쳐 가는 것'이 아닌 '계획된 일'로 만들 줄도 알아야 한다.

진로는 스스로 선택하는 것이고, 그 선택에는 책임이 따른다. 다만 올바른 선택을 위해 진로의 배경이 되는 '세상'과 소통할 수 있는 방법을 먼저 배우고, 우연을 가장해 자신에게 찾아온 좋은 기회를 놓치지 않는 '순발력'도 필요하다.

지극히 당연한 얘기지만 인간은 부모나 형제를 골라서 태어날 수 없다. 부유한 집에서 태어난 사람은 어린 시절부터 경제적인 어려움 없이 유복하게 자랄 수 있고, 가난한 집에서 태어난 누군가는 당장의 끼니를 걱정하며 어렵게 자랄 수도 있을 것이다. 또한 풍족한 삶의 이면에는 가족 간의 정을 그리워하며 자신이 불행하다고 느끼는 사람이 있을 것이고, 굴곡진 삶 속에서도 가족의 끈끈한 정을 바탕으로 행복의 진정한 가치를 찾아가는 사람도 있을 것이다. 중요한 건 어떠한 환경에서도 사람은 태어나고, 자신의 의지로 태어나거나 혹은 태어나지 않을 수 없다는 것이다.

어떤 부모 밑에서 자라는가에 따라 삶의 출발점이 다르다고 말하기도 하지만, 이는 어디까지나 우리 사회에 만연해 있는 고정관념일 뿐 정답이 될 수는 없다. 부모와 형제를 선택할 수는 없지만 친구와 연인은 선택할 수 있는 것처럼, 태어난 이후의 인생은 누군가가 결정해주는 것이 아니라 스스로 개척해나가는 것이기 때문이다.

인간으로 태어난 이상, '어떠한 삶을 살아갈 것인가'라는 질문을 끊임없이 던지며 그 대답에 구체적으로 접근해 나가 보는 건 어떨까? 순간의 선택이 평생을 좌우한다는 말처럼 앞으로 나아갈 길, 즉 진로는 인생의 흐름을 설정하고 이는 곧 삶의 가치와 직결된다. 이러한 논리는 최근의 교육 트렌드와도 밀접한 연관이 있으며, 실제로 청소년들이 절반 이상은 뚜렷한 자기 주도적인 진로 설정 경향을 보인다.

청소년들은 목표에 다가서기 전, 삶의 배경이 되는 세상과 소통하는 법을 먼저 익히는 것이 좋다. '소통하다'는 '막히지 아니하고 잘 통함', '뜻이 서로 통하여 오해가 없음'의 사전적 의미를 갖는데 막히지 않는다는 것은 목표를 위한 걸림돌을 방지할 수 있다는 뜻이고, 그 길에서 발생할 수 있는 '온갖 제약으로부터 벗어날 수 있다'라고도 풀이할 수 있다.

저게 저절로 붉어질 리는 없다

저 안에 태풍 몇 개

저 안에 천둥 몇 개

저 안에 번개 몇 개가 들어 있어서

붉게 익히는 것일 게다


저게 저 혼자서 둥글어질 리는 없다

저 안에 무서리 내리는 몇 밤

저 안에 땡볕 두어 달

저 안에 초승달 몇 날이 들어서서

둥글게 만드는 것일 게다


대추야

너는 세상과 통하였구나


　장석주 시인의 「대추 한 알」 전문이다. 한낱 대추도 세상과의 소통을 통해 붉고 둥글게 알을 맺은 것처럼 우리의 진로 또한 세상과의 유기적인 소통을 거쳐야만 비로소 만족할 수 있는 결과물로 이어질 수 있다. 미국 스탠퍼드대학교 존 크롬볼츠(John D. Krumboltz) 교수는 '우연한 사건이 미치는 영향'에 대해 설명하는 '계획된 우연<sup>Planned</sup> <sup>Happenstance</sup>' 이론을 통해 우연한 사건을 인지하고 그것을 개인의 커리어 상승의 기회로 만들어나가는 데 필요한 다섯 가지 기술을 제시했다.

### ① 새로운 것을 배우고자 하는 호기심

호기심은 단순한 지식습득의 차원을 넘어, 지금껏 자신이 몰랐던 새로운 세계를 탐닉해가는 과정에서 적성과 흥미의 기회를 가져다줄 수 있는 참된 욕망이다.

### ② 끊임없이 도전하고자 하는 인내심

실패 앞에서 포기하지 않고 묵묵히 도전하다 보면 집중력이 강화되고, 이는 성공에 한 걸음 더 다가설 수 있는 탄탄한 원동력이 된다.

### ③ 고정된 사고를 바꿀 수 있는 융통성

상황에 따른 유연한 대처와 태도 혹은 행동의 변화는 경직된 사고를 바꿀 수 있는 힘을 제시한다. 성공이란 것은 새로운 분야에 대한 도전, 새로운 진로 선택이라는 '상황'으로부터 비롯된다.

### ④ 낙관적인 태도(긍정적 자세)

삶의 모든 경험은 '긍정'과 '부정'으로 나뉘며, 매사에 긍정적이고 낙관적인 사람에게는 보다 나은 미래를 기대할 수 있다.

## ⑤ 위험을 감수할 수 있는 용기

실패할지언정 시도를 두려워해서는 안 된다. 기회를 얻기 위해서는 위험을 감수하는 일종의 '모험심'이 필요하다. '도전'에는 리스크가 존재하기 마련이지만, 도전하지 않고 스스로 안정적인 길을 택한다면 기회는 자연스레 사라지고 말 것이다.

만나고 싶은 사람을 만나고, 가보고 싶은 곳에 가고, 해보고 싶은 일을 해보고, 이를 긍정적인 상황으로 만드는 사람들이 있다. 우리는 이러한 여정을 크롬볼츠 교수의 '계획된 우연'과 연관 지을 수 있고, 실제 이러한 '계획된 우연'은 우리 삶의 곳곳에서 어렵지 않게 확인이 가능하다. 특히 청소년들이 선망하는 연예인 중에는 우연히 얻은 오디션 기회를 통해 연예인의 길로 들어섰다는 사례가 적지 않다.

배우 전도연은 배우 지망생이었던 친구를 따라 서울예술대학교 방송연예과에 원서를 냈고, 그 후 잡지와 CF 모델 등으로 활동하다 본격적인 배우의 길로 들어서게 되었다. '호기심'으로 시작해 '인내심'으로 무명시절을 견뎠고, 위험을 감수하는 '용기'와 낙관적인 '마인드'는 도전에 있어서 '융통성'을 발휘하게끔 했다. 대배우로 성장한 전도연은 결국 대한민국 최초로 칸 영화제 여우주연상 수상의 영예까지 안을 수 있었다. '계획된 우연'의 이론을 뒷받침할 수 있는 대표적 스토리라 할 수 있겠다.

사실 이 같은 사례는 실제 상담을 통해서도 종종 확인된다. 나는 상담을 할 때 '자신이 이미 알고 있는 나', '알고 있다고 생각하는 나', '미처 알아차리지 못했던 나', '또 다른 나'의 발견 과정을 돕고, 자신을 어떤 방식으로 세상에 나타내고 있는지 스스로 깨달을 수 있게 돕는다. 진로는 결국 세상과 소통하는 '첫 단추'이며, 진로상담은 그 첫 단추를 잘 꿸 수 있게끔 요령과 방법을 제시해주는 친절한 안내서다.

갓난아이는 스스로 기거나 일어서는 법을 터득하고, 인지 능력을 갖게 되면서 언어와 숫자의 개념을 이해해나간다. 또한 어린이집과 유치원을 거쳐 학교라는 곳에 발을 들임으로써 '배움'이라는 개념을 '교육'으로 확대하고, 일련의 교육 과정을 차례로 경험하며 사회구성원으로 점차 성장하게 된다.

그렇게 교육은 인간의 삶에서 떼려야 뗄 수 없는 기본적 요소 중 하나다. 그러나 이 '교육'의 개념을 제대로 인식하고 있는 사람은 그리 많지 않다. 진로 수업시간에는 '공부하는 이유'에 대한 학생들의 다양한 대답이 쏟아진다. '나중에 잘 살기 위해', '내 꿈을 이루는 데 필요하니까', '돈을 많이 벌기 위해' 등의 뻔하지만 긍정적인 답변이 있는 반면에 '그냥 해야 하니까', '부모님이 원해서' 등의 폐쇄적인 답변도 종종 들을 수 있다. 공부에 대해 명확한 의도를 파악하는 것도 물론 중요하지만, 나는 그것이 좋은 대학이나 좋은 직장에 들어가기 위해 '반드시' 거쳐야 하는 '관문'이 될 수 없음을 학생들에게 강조한다.

## 고등학교 상급학교진학률

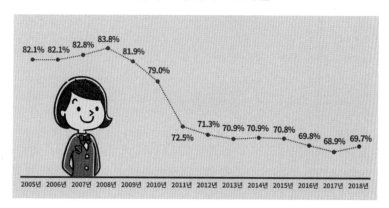

출처: 한국교육개발원

한국교육개발원 교육통계분석자료집, 2018년

한국교육개발원 자료에 따르면 2008년 81.9%였던 우리나라 고등학교 상급학교(대학교) 진학률은 2009년 79.0%, 2010년에는 72.5%로 점진적인 하락세를 보인 것으로 나타났다(이후 감소율이 늘어나 2018년도엔 69.7%를 기록하기도 했다). 이는 꼭 대학에 들어가지 않고도 자신의 꿈이나 목표를 위해 노력하는 고등학교들의 수가 늘어나고 있다는 것으로 풀이되며, 새로운 직종의 등장과 희망 직종으로 다시금 대두되는 기존의 직업군이 늘고 있다고도 해석할 수 있다. 이러한 변화는 2018년 교육부의 초중등 진로교육 실태조사에서도 쉽게 감지된다.

## 학생의 희망 직업 상위 10개

| 초등학생 | 중학생 | 고등학생 |
|---|---|---|
| 운동선수 …… 9.8% | 교사 …… 11.9% | 교사 ……… 9.3% |
| 교사 ……… 8.7% | 경찰관 …… 5.2% | 간호사 …… 4.9% |
| 의사 ……… 5.1% | 의사 ……… 4.8% | 경찰관 …… 4.5% |
| 조리사 | 운동선수 | 뷰티디자이너 |
| 인터넷방송 진행자(유튜버) | 조리사 | 군인 |
| 경찰관 | 뷰티디자이너 | 건축가/건축디자이너 |
| 법률전문가 | 군인 | 생명·자연과학자 |
| 가수 | 공무원 | 컴퓨터공학자/소프트웨어 개발자 |
| 프로게이머 | 연주가/작곡가 | 항공기 승무원 |
| 제과·제빵사 | 컴퓨터공학자/소프트웨어 개발자 | 공무원 |

출처: 교육부                    교육부 초·중등 진로교육 현황조사, 2018년

대학 진학률 감소 및 신규 직종 등장에 따라 교육현장에서도 입시 제도의 근본적인 개선을 중점 추진하고 있다. 그러나 진로선택의 다양성을 부여하기 위한 노력에도 불구하고 아직 과거의 굴레에서 벗어나지 못하는 학생들이 많다. 입시를 목표로 공부에 매진했으나, 자신의 적성과 맞지 않아 고민하는 아이들을 어렵지 않게 만나볼 수 있다는 것이다.

명문대 컴퓨터공학과에 재학 중인 호진이는 1학년 1학기 중간고사가 끝날 무렵 전공이 자신의 적성과 맞지 않는다는 것을 깨달았다. 고민하는 호진이를 보며 부모님은 상담을 의뢰하였고, 상담 결과 이과 계열보다 예술 분야에 흥미가 높은 것으로 나타났다. 결국 호진이는 휴학을 결심, 새로운 진로를 모색하고 있다.

해찬이는 자사고를 다닐 정도로 명석했으나 안타깝게도 본인이 원하는 서울대에 입학하지 못했고, 삼수생 생활을 이어나가고 있다. 친구들이 모두 서울대에 입학한 터라 서울대를 향한 욕망은 더욱 깊어졌다. 하고 싶은 일에 대해 생각해 본 적은 없고 오직 서울대 입학만이 인생의 목표라고 말한다.

프로게이머를 꿈꾸는 고등학교 1학년 진수는 자신의 꿈을 이루기 위해 학업과 훈련을 병행하며 팀원들과 함께 대회에 출전하고 있다. 초등학교 때부터 프로게이머의 꿈을 키워나간 진수는 자신이 가고 있는 방향이 맞는지, 꿈에 대해 스스로 확신하고 있는지 깨닫기 위해 열린 사고로 진로상담을 받고 있다.

호진이와 해찬이의 사례에서 알 수 있듯 공부해야 하는 명확한 이유를 파악하지 못한 채 입시에만 몰두한다면 혼란은 더욱 가중되고 만다. 또한 '원하는 것'과 '좋아하는 것'이 반드시 일치하지는 않음을 알아두어야 한다. 이는 진수의 사례가 나타내는 '차이점'에서 찾을 수 있다. 진수는 공부의 목적을 '미래를 위한 새로운 작용점'으로 두었다. 단순히 입시나 '지식 쌓기용'이 아니었던 것이다.

JTBC에서 방영된 드라마 《이태원 클라쓰》는 자신의 삶에 대한 주체성과 자존감, 가치관 회복 등의 문제를 다루며 시청자들로부터 많은 호응을 얻었다. 또한 주체적 삶을 지향하는 듯한 대사는 깊은 울림을 선사하기도 했다.

"나한텐 목표가 있고 그걸 이루는 건 당연한 거야."

"목표가 확고한 사람의 성장은 무서운 법이야."

"누가 뭐래도 너는 너야!"

좋은 대학에 들어가는 것, 돈을 많이 버는 것, 높은 지위를 얻는 것보다 중요한 것은 내가 원하는 게 무엇인지 파악하고 그것을 이루기 위해 노력하는 것, 실패에 굴하지 않고 꾸준히 행동하는 것, 그리고 마침내 목표한 바를 이뤄내는 것이다. 21세기를 유비쿼터스Ubiquitous 시대라고 한다. 유비쿼터스란 '언제 어디에나 존재한다'라는 뜻의 라틴어로, 사용자가 컴퓨터나 네트워크를 의식하지 않고 자유롭게 네트워크에 접속할 수 있는 환경을 말한다. 잡노마드(직업Job을 따라 유랑하는 유목민Nomad)가 늘고 있는 이때, 한 가지 업종에 얽매여 사는 사람이 감소하고 있다는 점도 눈여겨볼 필요가 있다.

자신에게 적합한 일을 찾아가고, 자신이 수행한 일을 통해 자신의 가치를 높이는 것. 지금의 세상이 다재다능하고 참신한 사람들을 원한다면, 우리는 어디에 더 많은 시간과 노력을 쏟아부을 것인지 구체적으로 따져볼 필요가 있다. 공부의 즐거움을 알되 그 밑바탕에는 '입시'가 아닌 '꿈'이 펼쳐져 있어야 한다는 것이다.

## 내 삶의 '관찰자' 되기

"To know what you prefer, instead of humbly saying Amen to what the world tells you you ought to prefer, is to have kept your soul alive."

"세상이 좋아하라고 하는 것을 그대로 받아들이기보다 네가 무엇을 좋아하는지 아는 것이 네 영혼을 살아있게 한다."

세계적인 모험소설 '보물섬'의 작가 로버트 루이스 스티븐슨(Robert Louis Stevenson)이 남긴 명언이다. 이는 남들이 좋다고 하는 것, 이렇게 해야만 성공할 수 있다는 식의 사회적 통념에서 벗어나 주체적인 관점에서 내 삶을 이끌어나가야 한다는 의미로 해석할 수 있다. 결국 남이 아닌 '내가 좋아하고 내가 잘할 수 있는 것'을 찾고 이를 통해 진로를 결정해야 비로소 진정한 행복을 느낄 수 있다는 것이다.

앞에서 다룬 것처럼 우리 사회는 빠르게 변하고 있으며, 지금도 많은 것들이 달라지고 있다. 직업도 그중 하나다. 예전에는 경험해 보지 못한 많은 직업들이 생겨나는 한편 급속히 사라지기도 한다. 세계 경제 포럼(WEF, World Economic Forum)이 발표한 '직업의 미래<sup>The</sup> <sup>Future of Jobs</sup>' 보고서에 따르면, 2022년까지 약 7,500만여 개의 일자리가 사라지고 2025년에는 기계(AI)가 전체 업무의 52% 이상을 맡을 것으로 전망하고 있다. 챗GPT 같은 언어 생성모델이 방대한 빅테이터를 통해 빠르고 정확한 답을 내리는 것만 봐도 그 동향을 어느 정도 파악할 수 있다.

해당 보고서는 향후 5년간 가장 많이 감소할 일자리로 데이터 입력 사무원, 행정비서, 회계사무원, 경비원, 건물관리인 및 가정부 등을 꼽았으며 대부분이 단순 사무나 단순 관리 영역임을 알 수 있었다. 반대로 가장 많이 늘어날 직종으로는 자율주행으로도 대체가 어려운 농기계 운전사, 물류 운송기사, 관광버스 및 셔틀버스 운전사, 일자리 문제 해소를 위한 직업교육 강사, 각종 첨단 ICT 장비를 다루는 수리기술자 등이 있었다.

# 향후 10년 후 일자리 증가 직업(30개)

| 직업명 | 평균(5점 척도) | 증가한다 응답자 비율(%) |
|---|---|---|
| 게임프로그래머 | 3.5 | 70.0% |
| 택배원 | 3.7 | 66.7% |
| 토양 기술자 및 연구원 | 3.4 | 60.0% |
| 사회복지 관리자 | 3.5 | 50.0% |
| 생활지도원 | 3.3 | 45.5% |
| 김치·밑반찬 제조 종사원 | 2.8 | 44.4% |
| 빅데이터분석가 | 3.4 | 42.9% |
| 요양보호사 및 간병인 | 2.8 | 40.0% |
| 개그맨 및 코미디언 | 3.3 | 33.3% |
| 만화가 | 3.3 | 33.3% |
| 물리치료사 | 3.0 | 33.3% |
| 응용소프트웨어개발자 | 3.0 | 33.3% |
| 의약품공학기술자 및 연구원 | 3.3 | 33.3% |
| 사회단체활동가 | 3.3 | 30.8% |
| 치과기공사 | 2.9 | 30.0% |
| 식품공학 시험원 | 2.8 | 27.8% |
| 태양광발전연구 및 개발자 | 3.1 | 27.3% |
| 놀이치료사 | 2.7 | 26.7% |
| 반도체공학 기술자 및 연구원 | 2.3 | 25.0% |
| 심리상담 전문가 | 3.0 | 25.0% |
| 정보통신컨설턴트 및 감리원 | 3.3 | 25.0% |

| | | |
|---|---|---|
| 프로게이머 | 3.3 | 25.0% |
| 모델 | 2.9 | 23.5% |
| 모바일앱개발자 | 2.8 | 22.2% |
| 대기환경기술자 | 2.8 | 20.0% |
| IT기술지원 전문가 | 2.6 | 18.8% |
| 데이터베이스개발자 | 3.0 | 18.2% |
| 마취병리과의사 | 2.8 | 18.2% |
| 선박교통관제사 | 2.6 | 18.2% |
| 항공공학기술자 | 2.9 | 18.2% |

출처: 한국고용정보원

이처럼 직업 트렌드의 급격한 변화에 따라 진로선택에 대한 중요성이 어느 때보다 강조되고 있지만 안타깝게도 진로 앞에서 혼란스러워 하는 학생들이 많다(그나마 진로를 찾았다고 하는 학생들은 어려서부터 예체능 계열로 빠진 경우가 대부분이다). 이번 단락에서는 좀 더 다양한 사례를 면밀하게 살펴보면서 진로 설정에 대한 현실적인 방안을 모색해보고자 한다.

## ▣ 드론 천재 김민찬

"경쟁이 주는 긴장감을 즐기는 편이에요. 나중에는 공군사관학교에 입학해 실제 전투기도 조종해 볼 생각이에요. 그러려면 공부도 게을리해서는 안 되겠죠!"

올해 고등학교 3학년인 김민찬 학생은 '드론 천재'로 불리는 국내 최연소 드론 파일럿이다. 세 살 무렵부터 컴퓨터 시뮬레이션을 통해 RC 헬리콥터를 경험한 민찬 학생은 다섯 살이 되던 해 처음으로 RC 헬리콥터 대회에 출전했고, 이후 관련 분야 선진국인 대만과 독일 등에 초청되는 등 입지를 넓혀 갔다. 13살이던 2016년 1월 드론을 처음으로 접하고 입문한 지 두 달 만에 두바이 세계드론대회 프리스타일 분야에서 우승을 차지, 글로벌 드론업계의 이목을 집중시키며 국내 최초로 프로선수 자격으로 KT와 계약을 체결했다. 현재는 다양한 기업광고 및 홍보, 뮤직비디오 촬영, 대형 퍼포먼스 등을 찍는 드론 촬영감독으로도 활약하고 있다. 특히 지난해 넷플릭스에서 방영된 웹드라마 《지금 우리 학교는》에서는 직접 드론을 조종하며 화제를 모았다. 미국의 컨설팅사 틸그룹<sup>Teal Group</sup>은 2014년 64억 달러(약 7조 5,000억 원)였던 드론의 세계 시장규모가 2023년 115억 달러(약 13조 5,000억 원) 수준으로 성장할 것으로 전망했는데 드론 시장의 가파른 성장세를 감안할 때, 어린 나이에 세계 정상급 실력을 갖춘 민찬 학생의 미래는 상당히 밝다고 볼 수 있다.

### ▣ PD가 될 100만 유튜버

"1인 미디어라는 '가능성'이 어디까지 나아갈 수 있는지, 그 한계를 체험해 보고 싶어요!"

방송국 PD가 되고 싶었던 고등학교 1학년 최린 학생은 우연히 한 크리에이터의 '마인크래프트' 콘텐츠를 보고 유튜버의 꿈을 키우기 시작했다. 크리에이터의 매력에 푹 빠져 살던 어느 날 교육 행사인 '유튜브 키즈데이'에 참석했고, 곧바로 채널명을 만들어 자신의 유튜브 채널을 개설했다. 고등학교 학생으로서 K-고등학생 트렌드를 비롯해 학교 및 학원 생활의 일상을 다루며 인기를 끌었고, 마침내 100만 구독자를 보유한 대형 유튜버로 성장했다. 2020년 '크리에이터와 함께하는 디지털 사회혁신 공모전' 대상, 2021년 '인천 국제 1인 미디어 페스티벌 유·청소년 콘텐츠 크리에이터 부문' 대상을 수상한 데 이어 2021년 한국청소년연맹 홍보대사, 2022년 청소년포상제 홍보대사로도 활동하는 등 꿈의 무대를 종횡무진 누볐다. PD를 꿈꾸는 그에게 유튜브 활동은 엄청난 자양분이 될 것임이 분명하다.

### ▣ 내 손 안의 주치의

"주치의가 24시간 환자 곁에 붙어 있을 수는 없으니 정보의 통제가 능사는 아니라고 판단했어요. 식단이나 운동 등 일상 속에서 스스로 자신에게 맞는 선택을 하는 것 또한 중요하다고 생각해요. 나중에는 '우리닥터' 앱을 활용해 효율적인 진료 체계를 갖춘 메디아크 종합병원을 세울 거예요."

헬스케어 스타트업인 '메디아크' 이찬형 대표는 1992년생으로, 만

15세에 의대에 입학할 정도로 뛰어난 수재다. 3년간의 군의관 생활을 거쳐 2022년부터 서울대학교병원 소화기내과 임상강사로 재직하고 있으며, 2022년 4월에는 의료 사각지대를 없애겠다는 신념으로 창업에까지 손을 뻗었다. 군의관 시절, 의사가 없더라도 환자가 스스로 진단할 수 있는 서비스가 필요하다고 생각한 이 대표는 질병 자가 진단 앱인 '우리닥터'를 개발했다. 의사로서 다소 위험한 발상이었지만, 환자가 자신의 상태를 정확히 알고 있을 때 치료 효과가 상승하는 것에 기인했다며 개발의 취지를 밝혔다.

위 세 가지 사례의 공통점은 경험을 통해 자신의 길을 스스로 개척해나갔다는 것. 그러기 위해서 자기 삶의 부분 부분을 보다 디테일하게 관찰했던 것. 나에 대한 관찰은 새로운 기회와 자산을 확장할 수 있게 만든다. 내가 좋아하고 잘하는 것, 남들과 다른 자신의 능력을 찾아가는 일이 쉽지는 않겠지만 소소한 일상의 기록을 통해 나의 발자취를 되짚어 보는 노력은 진로 설정에 큰 도움이 된다. 그러다 보면 어떤 메시지를 발견하게 될 것이고, 이는 곧 실천으로 이어질 것이다.

목적Goal과 목표Objective의 명확한 구분도 중요하다. 목적은 '무엇을 원하는가?'에 대한 답이고, 목표는 '어떻게 할 것인가?'에 대한 답이다. 처음부터 목적과 목표를 바로세울 수 있는 사람은 없다. 길을 찾기 위해 걷다 보면 어느 순간 길이 보인다는 것이다. 그 길은 노력하지 않은 자에게는 결코 열리지 않는다. 자신을 관찰하는 힘이 곧 경쟁력인 시대에 우리는 살고 있다. '내'가 하나의 도구라면, '나 사용법'을 올바르게 익히지 않으면 '나'는 무용지물이 되고 말 것이다. 자신에 대한 끊임없는 '관찰'과 '탐구'를 통해 '성공'에 한 걸음 더 다가서길 진심으로 바란다.

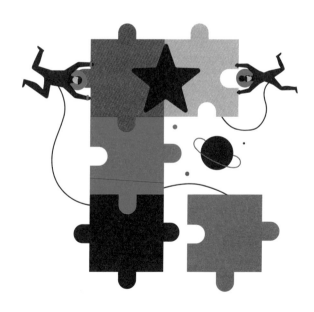

엔조이 유어 라이프 enjoy your life

"천재는 노력하는 자를 이길 수 없고, 노력하는 자는 즐기는 자를 이길 수 없다."

우리가 자주 접했던 격언 중 하나다. 무엇을 하든 즐겁게 하는 자를 따라갈 수 없다는 말이다. 가령 두 사람에게 동일한 일이 주어졌다고 치자. 한 사람은 마지못해 일하고, 한 사람은 즐기면서 일할 때, 그 결과는 다를 수밖에 없다. '즐김'은 곧 '몰입'으로 갈음할 수 있다. 몰입의 힘을 경험해 본 자는 몰입이 가진 위대함을 알 것이다. 하나의 과제를 수행함에 있어 자신이 가진 잠재력을 최대치로 뽑아내 주는 것 또한 몰입이 가진 특수한 성격이다. 그에 따른 만족도와 행복감은 덤이다.

이러한 논리는 이탈리아의 학자 미하이 칙센트미하이(Mihaly

Csikszentmihalyi)가 펴낸《몰입과 진로》에서도 찾아볼 수 있다. 칙센트미하이 교수팀은 청소년 직업교육의 핵심은 '어떤 활동에 깊숙이 빠져드는 경험', 즉 '몰입 경험'의 기회를 제공하는 것이라 주장하며 몰입의 경험을 통해 자신에게 맞는 직업의 특성을 발견하고 일에 대한 올바른 가치관과 태도를 배우게 된다고 설명한다.

이러한 경험이 구체적인 직업 기술과 만나면 건강한 직업관은 물론 자기만의 직업 정체성을 확립할 수 있다. 또한 학습이나 여가, 직업 등 다양한 삶의 국면에서 '몰입 현상'이 나타날 수 있으며, 활동이나 과제의 개입 정도에 따라 몰입의 경험량이 달라질 수 있음이 최근 몇몇 연구에 의해 입증되었다. 이에 대해 관련 학계 전문가들은 명확한 목표, 구체적이고 즉각 적인 피드백, 도전적인 과제 등 몰입 현상이 발생하기 쉬운 조건을 만듦으로써 몰입을 촉진할 수 있고 그에 따른 만족감과 유능감도 증가한다고 분석했다.

대한민국에서 가장 유명한 바비큐 요리 전문가 〈유용욱 바비큐 연구소〉 대표 유용욱 소장은 요리의 '요' 자도 모르던 평범한 직장인이었다. 어린 시절 시골집 마당에서 고기를 구워 먹던 추억을 곱씹으며 주말이면 지인들과 바비큐 파티를 즐긴 것이 〈유용욱 바비큐 연구소〉의 출발점이었다. 많게는 10시간 이상 불 조절을 하며 파티를 즐겼던 유 소장은 고기를 직접 손질하고 숙성시킨 뒤 조리까지 하는

'일련의 과정'과 그것이 주는 '범접할 수 없는 맛'에 매력을 느꼈다. 어린 시절의 경험은 특별한 장소에서 특별한 음식을 만들어 제공하고 싶다는 생각으로 이어졌고, 결국 자신의 이름을 내건 바비큐 요리 전문점을 창업하는 데 성공한 것이다.

발명교육기업 〈세모가네모〉 문혜진 대표는 발명교육을 만난 후로 삶이 180도 바뀌었다. 발명을 통해 다양한 분야를 접하게 되면서 '융합'과 '창의성'에 큰 흥미를 느꼈다. 이후 수십 개의 발명과 특허, 100여 차례의 발명대회 수상을 통해 일명 '발명 소녀'로 거듭났다. 그러나 '발명으로 어떻게 먹고살 수 있을까?'에 대한 궁금증이 쌓여 갔고, 그동안 체득한 수많은 아이디어를 생각하며 자신의 '인생'을 발명해 나가기로 결심했다. 인생도 발명처럼 스스로 일궈나가는 것임을 깨달은 문혜진 대표는 2017년 12월 발명교육기업 〈세모가네모〉를 창업하고 차근차근 '발명교육'의 저변을 확대해 나가고 있으며, 발명이 자신의 삶을 긍정적으로 변화시켰던 것처럼 학생들의 삶에도 큰 비전을 제시해주길 소망하고 있다.

몰입력이 강하고 집중도가 높은 사람들은 다른 사람들의 시선을 의식하며 행동하지 않는다. 부정적인 생각보다는 가능성을 먼저 생각하고, 실패를 딛고 일어설 자신감 또한 갖고 있다. 그렇다면 몰입을 경험하기 위해서는 무엇을 어떻게 해야 할까? 이 경험을 찾아가는 과정은 생각보다 어렵지 않다. 가령 학급토론이나 숙제, 보고서 등 적극성이 요구되는 모든 행위로부터 몰입을 경험할 수 있다는 것이다. 그리고 이러한 활동을 반복하다 보면 도전과제에 따른 구체적인 목표의식 역시 수립할 수 있다. 이는 개인적인 성취로 이어지며, 경험의 질이 높아지는 계기로도 작용한다.

《몰입》의 저자 황농문 교수는 강연프로그램 '세상을 바꾸는 시간, 15분'을 통해 다음과 같은 사례를 소개했다. 고등학교 3학년인 모 학생은 자신이 얕은 몰입만을 계속하고 있다는 것을 알게 된 후, 어서 대학에 진학해 한 가지에만 몰두하는 시간을 가져보고 싶다는 생각을 하게 되었고 그때부터 공부가 재미있어졌다고 했다. 학생이 공개한 일기에는 이렇게 쓰여 있었다.

"이번 주는 공부하는 내내 즐겁기만 하고, 힘들다는 생각이 단 한 차례도 들지 않았다. 예전의 나와는 확연히 달라진 모습이다. 공부가 즐겁다니, 어떻게 그럴 수 있지? 지금의 내 모습이 꿈만 같다. 이 순간이 더없이 행복하고, 앞으로 더 행복해질 것이다. 고맙고 사랑해, 세상아!"

이 학생은 일주일에 세 시간밖에 주어지지 않는 기숙사 자유시간에조차 교과서를 들여다볼 정도로 공부에 흥미를 느꼈고, 공부에 대한 스트레스 또한 받지 않는다고 고백했다. 이후 이 '몰입'은 과학고와 영재고, 특목고 학생들을 제치고 전국 수학경시대회 장려상 수상이라는 큰 영예를 그에 품에 안겨주었다.

청소년들에게 있어 진로란 곧 자기 자신에 대한 깨달음인데, 자기 자신을 알아가면서 동시에 외부 존재에 대한 관심도 가져야 한다. 외부 존재라 함은 자신의 기질과 성격, 가치관에 따라 '무엇을 할 수 있을지'에 대해 탐구하는 것이다. 사람을 탐구할 수도 있고, 직업을 탐구할 수도 있지만 무엇보다 '관심 분야'에 대한 탐구가 가장 중요하다. 이러한 탐구는 한 개인에게 인류 공동체에 기여할 수 있는 글로벌 리더로 발돋움할 수 있는 기반을 마련해준다.

〈세모가네모〉 문혜진 대표의 말처럼 인생은 발명하는 것이고 발명되어 가는 것이다. 경험은 그러한 자신의 미래를 조금 더 선명하게 그릴 수 있도록 기회를 제공한다. 이를 통해 현실에 대한 문제의식을 갖고, 삶을 지혜롭게 구성해 나가는 힘을 기를 수 있다. 진로 수업 활동은 수학과 과학, 어쩌면 그 이상으로 자신을 발견하기 적합한 시간이다. '몰입할 수 있는 것'을 찾았다면 이제 '몰입하는 나'를 찾길 바란다.

# 우버처럼, 에어비앤비처럼, 인스타그램처럼!

다람쥐 쳇바퀴 굴러가듯 똑같은 일상이 반복된다고 하지만, 막상 들여다보면 꼭 그렇지만은 않다. 매일 가는 학교, 회사라 할지라도 각기 다른 상황이 발생하고, 학교와 회사를 오가는 중에 마주치는 사람도 항상 바뀐다. 생각도 마찬가지다. 아침에 눈을 뜨고 저녁에 눈을 감는 순간까지 매 순간 똑같은 생각을 할 수는 없다.

강조하고 싶은 것은 우리가 살아가는 하루하루는 매번 새로움의 연속이며, 이러한 새로움을 그냥 흘려보내지 않고 자신만의 특별한 경험으로 변화시킬 수 있는 역량을 길러야 한다는 것이다. 남들과 크게 다를 것 없는 일상을 살아가지만, 일상 속 경험을 특별한 경험으로 탈바꿈해 새로운 창조물을 만들어낸 사례를 어렵지 않게 접할 수 있다. 택시 서비스 산업의 혁신을 불러일으킨 우버Uber, 전 세계 숙박 트렌드의 새로운 패러다임을 제시한 에어비앤비Airbnb, 전 세계인들의 많은 사랑을 받고 있는 소셜 네트워크 서비스 인스타그램<sup>Instagram</sup> 등은 일상에서 아이디어를 발견하고 이를 실현하여 사업을 성공으로 이끈 대표적 사례다.

지난 2008년 설립된 우버의 창업자들은 일상에서 택시를 이용하면서 경험한 불편함과 어려움을 바탕으로, 스마트폰 앱을 통해 편리하고 신속한 택시 호출 및 결제 서비스를 제공하는 아이디어를 고안했다. 이 아이디어는 많은 사람들에게 편리함을 제공함과 동시에 우버를 전 세계적으로 사랑받는 글로벌 대기업으로 성장시켰다.

우버와 같은 해 설립된 에어비앤비는 본인의 공간을 여행자들의 숙박 시설로 제공하는 룸 대여 서비스다. 이를 통해 많은 사람들이 부가 소득을 창출하고 있으며, 여행자들에게는 내 집과 같이 편안함을 저렴한 가격에 누릴 수 있는 기회가 주어진다. 이 시스템은 색다른 경험을 넘어 숙박 트렌드의 판도를 뒤흔들고 있다.

사진 및 동영상 공유 플랫폼인 인스타그램은 사진을 촬영하고 이를 친구들과 공유하자는 아이디어로부터 출발했다. 일상의 순간들을 담아내고 공유하는 콘셉트는 금방 뜨거운 반응을 이끌어 냈고 이후 광고 모델을 도입, 기능 확장을 거듭하며 전 세계에서 가장 인기 있는 SNS 플랫폼 중 하나로 자리매김했다. 위와 같은 사례들의 공통점은 일상 속에서 아이디어를 얻고 그것을 집요하게 파고들었다는 것. 이러한 성공에는 열정과 실행력도 한몫했겠지만, 사용자들의 니즈와 피드백을 수용하며 아이디어를 지속적으로 발전시켜 나간 근성이 뒷받침되어 있었기 때문이 아닐까?

출처: 경대뉴스

**강연 중인 잭 안드라카**

10대의 나이에 췌장암 진단법을 개발한 미국의 잭 안드라카(Jack Andraka)의 이야기도 이와 같은 맥락으로 해석할 수 있다. 잭은 13세 살이 되던 해, 친삼촌과도 같았던 존재를 췌장암으로 떠나보냈다. 크기를 가늠할 수 없을 만큼의 슬픔이 밀려왔고, 소중한 사람의 생명을 앗아간 췌장암에 대해 깊이 파헤치고 싶었다. 잭은 기존 췌장암 검사 비용이 상대적으로 비싸고 검사 결과 또한 췌장암 종류의 70%

정도밖에 감지하지 못할 만큼 부정확하다는 데서 개선의 필요성을 느꼈고, 효과적인 췌장암 진단 센서를 개발하기로 결심한다.

이후 잭은 구글과 위키피디아를 활용, 췌장암 발생 시 혈액에서 발생하는 8,000개 이상의 단백질을 확인해 '메소텔린'이 암 초기부터 존재하는 단백질임을 알아냈고, '항체'가 단 한 종류의 단백질과 반응한다는 사실을 발견하여 이 둘의 결합을 구상하게 된다. 잭은 자신의 구상에서 수많은 결점을 발견하면서도 7개월 동안 개발에만 매진했고, 그 결과 기존의 진단 방식보다 168배 빠르고 26,000배 더 저렴하며, 400배 더 민감한 검사 센서를 발견하는 데 성공했다.

이처럼 우리 인생은 여러 가지 경험과 모험들로 가득하며, 이를 자신만의 독특한 경험으로 만들기 위한 자기주도적인 활동을 추구해야 한다. 이런 활동은 우버와 에어비앤비, 인스타그램, 잭 안드리카처럼 우리에게 용기와 의지를 심어주며 훌륭한 결과를 가져다줄 수 있기 때문이다. 또 하나, 자기주도적 활동은 이름 그대로 누가 시켜서 하는 것이 아니다. 스스로 자유롭게 선택해 참여할 수 있다는 것은 큰 축복이자 행운임에 분명하다. 물고기는 물에서 헤엄치고 새는 하늘을 날아야 한다. 우리에게 어울리는 꿈은 우리 자신만이 꿀 자격이 있다.

우리가 상상했던 것들을 '말도 안 되는 일'로 치부하지 않고, 자기 주도적 활동과 연계해 그것을 현실로 이뤄내는 것이야말로 가장 이 상적인 꿈의 실현이 아닐까 싶다. 단, 위와 같은 사례를 '겉핥기식'으 로 모방하게 되면 특별한 경험을 억지로 만드는 등의 역효과를 낳을 수 있으니 주의하자.

청소년들에게는 일상의 경험을 특별하게 만들어낼 수 있는 기회가 생각보다 많다. 중학교에서 시행하는 '자유학기제'만 봐도 그렇다. 자유학기제는 자신의 꿈을 찾고 장기적인 목표들을 설정하는 데 마 음껏 시간을 쓸 수 있다. 중학교에 처음 입학한 학생들이 시험이나 내신에 대한 압박으로 학교생활을 시작하기보다 학교 환경에 적응 하고 자신의 꿈과 목표에 대해 찾아 나갈 수 있는 시간을 가질 수 있 도록 독려하는 것이다(진로탐색과 주제선택, 예술·체육, 동아리 등 4개 영역에 대해 한 학기 동안 시행). 다양한 활동을 통해 자신이 하고 싶은 일을 찾아가는 행위는 학습의 동기로 이어질 수 있고, 진로선택에도 적지 않은 영향을 발휘할 것으로 추측할 수 있다. 진로선택은 그렇 게 꿈의 뼈대를 형성하는 중요한 계기가 된다.

사람은 누구나 저마다의 독특하고 특별한 경험을 갖고 있다. 그 경 험은 크고 중요한 사건일 수도 있고, 소소하고 일상적인 것일 수도 있다. 하지만 그 경험들이 미래의 모습과 가치관을 형성하는 데 많은 영향을 미친다면 경험의 중요성을 조금은 짐작해볼 수 있을 것이다. 특별한 경험을 만들 수 있는 나만의 스토리텔링은 자기 자신을 이해하고 표현하는 강력한 도구다. 자신의 이야기를 구조화하고 다른 사람들과 공유함으로써 자아를 발견하고, 그동안 겪은 어려움을 위로받거나 성취를 인정받을 수 있다.

우리는 학습을 통해 자신을 성장시키고 더 나은 미래를 향해 나아가는 것을 목표로 한다. 어려움과 성취, 실패와 성공 역시 학습의 일부분으로, 이러한 경험들은 우리에게 용기와 도전을 주며, 새로운 것을 배우고 시도하는 의지를 갖게 해준다. 실패의 경험은 더 나은 방향을 제시해줄 것이며, 성공의 경험은 여러분의 능력과 자신감을 향상시킬 것이다(성공이든 실패든 크고 작은 경험들을 배움의 기회로 삼다 보면 인생 설계에 많은 도움이 될 거라는 걸 여러분도 이미 잘 알고 있으리라 믿는다).

지금도 여전히 '스펙 쌓기'에만 몰두하고 있는 학생들이 있다. 물론 자신만의 경쟁력을 위해 원하는 스펙을 충족시키는 것은 중요하다. 그러나 나만의 특별한 경험을 경쟁력으로 승화시키는 것은 그 이상의 좋은 무기가 될 수 있음을 명심하자. 우리 사회는 더 이상 스펙만을 앞세운 수동적인 인재를 원하지 않으니까 말이다.

책의 힘

"책은 가장 조용하고 변함없는 벗이다. 가장 쉽게 다가갈 수 있는 현명한 상담자이자, 인내심 있는 교사다."

40년간 미국 하버드대학교 총장으로 재임하며 지방 단과대학에 불과했던 하버드를 최고의 인재들이 모이는 세계적인 대학으로 발전시킨 입지전적인 인물 '찰스 W. 엘리엇(Charles W. Eliot)'이 남긴 말이다.

우리는 누구나 독서의 중요성에 대해 알고 있다. 독서는 마음의 양식을 쌓고, 이해력과 사고력, 분석력, 상상력을 쌓는 데 결정적인 역할을 한다. 나 자신을 '발견'하고 커뮤니케이션 능력 배양에도 효과적이다. 특히 인생의 과도기를 앞둔 청소년들이 독서를 생활화할 경우, 놀랄 만큼의 변화를 경험할 수 있다. 관심 분야를 비롯해 다양한 분야의 도서를 접함으로써 지식과 정보습득의 기회가 많아지고, 자아 성찰은 물론 자신의 장점과 관심사를 파악하는 데도 큰 도움이 된다. 이는 곧 자신의 목표를 설정하는 진로선택의 '바로미터barometer'로 이어지게 된다.

독서는 관심 분야에 대한 흥미와 열정, 동기를 유발하고 다양한 관점을 제시해주기에 창의적 사고는 물론 문제 해결 능력 또한 상승한다. 특히 새로운 아이디어와 관점의 다양성은 청소년들이 진로를 선택하고, 자신의 분야에서 혁신적인 아이디어를 내는 데 효과적이다. 독서가 한 사람의 인생을 바꾸는 중요한 전환점이 된다는 말에 큰 무리가 따르지 않는 까닭이기도 하다.

50주 연속 베스트셀러로 40만 독자의 삶을 바꾼 것으로 알려진 《역행자》의 저자, 자청은 책을 통해 자신의 10대 시절을 돌아보며 외모, 돈, 공부 등 모든 것에서 언제나 '최하위'였음을 고백한다. 꿈과 희망 없이 허송세월을 보내던 스무 살 무렵, '인생에도 게임처럼 공략집이 있다'는 사실을 깨닫고 삶이 180도 바뀌기 시작한다. 이후 그는 200여 권이 넘는 책을 읽으며 쌓은 다양한 인생 치트키를 활용, '이상한마케팅', '프드프', '아트라상', '라이프해킹스쿨', '유튜디오' 같은 온라인 마케팅 비즈니스를 비롯해 '욕망의북카페', '인피니' 등의 오프라인 사업을 추진하며 아무런 노력 없이 자동수익 월 1억 원이라는 성과를 달성할 수 있었다. 스스로를 '오타쿠 흙수저'라고 칭할 만큼 무력감에 빠져 있던 삶을 흔들어 깨워 성공한 사업가의 길로 이끈 것은 다름 아닌 책이었다. 이는 독서가 지닌 힘과 가치를 가감 없이 보여준 사례라고 볼 수 있다.

**"수현이는 왜 진로 상담을 신청했니?"**

**"주위에서 꿈을 자꾸 물어보는데 그때마다 할 얘기가 없어서요."**

꿈이 없다고 말하는 수현이는 '아나운서가 되어보면 어떨까?'라고 생각한 적도 있지만 특별한 목적이나 이유가 없었기에 꿈의 실현을 위한 아무런 노력도 하지 않았음을 고백했다.

현영이는 밝고 쾌활한 성격을 지닌 중학교 3학년 학생이다(자신의 의사를 적극적으로 표현했던 몇 안 되는 학생이었기에 유독 기억에 많이 남는다). 궁금한 게 있으면 그 궁금증이 해결될 때까지 질문했고, 늘 사려 깊은 태도로 상담에 임했다. 자신에게 맞지 않는 진로가 있으면 명확히 선을 그을 줄도 알았는데, 그러한 똑 부러진 모습이 인상적이었다. 마케팅 분야로 진로를 설정하면서부터는 큰 만족감을 보였으며, 방학 중 진로상담 과정에서 추천받은 책을 읽고 관련 분야에 대해 구체적으로 탐구하겠다는 의지를 밝히기도 했다.

독서를 좋아하는 중학교 2학년 보람이는 세계사에 대한 관심이 남달랐으며, 세계 역사에 관해 토론하는 것을 무척 좋아했다. 자신이 좋아하는 것을 명확히 아는 보람이지만, 진로상담을 할 때는 정작 하고 싶은 일이 무엇인지 모르겠다고 말했다. 자신이 좋아하는 것이 무엇인지는 알고 있지만, 진로에 대한 정보를 명확히 알아야 제대로 된 답변을 할 수 있을 거라 말하며 하고 싶은 일에 대해서는 여전히 탐색 중이라고 했다.

자신의 진로를 명확히 말하는 현영이나, 좋아하는 것은 분명하지만 진로에 대해서는 신중한 보람이처럼 나름의 소신이 있는 친구들도 있겠지만, 아마 대부분의 학생들은 수현이와 비슷한 모습일 것이다. 청소년기에는 경험의 한계가 존재하고, 아직 가보지 않을 길을 선택하는 데 있어 주저하게 되는 것이 당연할지도 모른다. 결론은 지금부터라도 관심 분야를 찾고 책을 통해 관련 정보를 탐색하는 시간을 가져야 한다는 것. 가령 문학이나 역사, 과학, 예술 등 다양한 주제의 책을 접하다 보면 현영이나 보람이처럼 머지않아 자신이 흥미를 느끼는 분야를 찾을 수 있을 것이다.

책을 읽은 후 관심 분야에 대한 토론 모임이나 독서 클럽에 참여하는 것도 좋은 방법이다. 서로의 생각과 인사이트를 공유하는 것은 관련 분야에 대해 보다 면밀하게 알아갈 수 있는 좋은 기회이며, 타인이 세운 목표와 계획 등을 살펴보는 것도 자신의 진로 탐색에 적지 않은 도움이 된다. 어느 분야이건 성공한 사람은 존재하며, 태어날 때부터 성공이 예견되어 있는 사람은 없다. 성공할 수 있었던 이유가 마땅히 있었을 것이고, 그에 따른 피나는 노력이 있었을 것이다. 성공은 그냥 이룰 수 있는 게 아니며, 끊임없이 탐구하고 연구해야 비로소 얻게 되는 '보상'이다. 아직 꿈을 찾지 못한 친구들에게 전하고 싶은 말이 있다. 막연하게 생각되는 꿈은 어쩌면 자신의 가장 가까운 곳에 있을지도 모른다고…. 여전히 늦지 않았다.

잠시 숨을 고르고,
책을 펼쳐 더 넓은 세상을 들여다보자.

# 롤 모델이 생겼어요

누구나 한 번쯤 자신의 롤 모델roll model에 대해 생각해 본 적이 있을 것이다. 역할 모델이라고도 불리는 롤 모델은 자기가 해야 할 일이나 임무 등에서 모범이 될 만한 대상을 뜻하며, 이는 미국의 사회학자 '로버트 K. 머튼(Robert K. Merton)'이 처음 사용한 이후 세계 곳곳으로 전파되어 왔다. 머튼은 자신이 주장하는 준거집단 이론을 바탕으로 '어떠한 한 사람을 택해 그 사람을 표본으로 정하고, 성숙할 때까지 모델로 삼는 것'을 롤 모델이라 정의했다. 가령 나의 꿈을 '국민 MC'라고 가정했을 때, 오랜 무명생활을 견디고 최고의 자리에 오른 방송인 유재석을 롤 모델로 삼아 그가 성공할 수 있었던 요인을 분석하며 자신의 목표를 향해 나아가는 것이다.

진로선택의 기로에 놓인 청소년에게 있어 롤 모델은 여러모로 큰 영향을 미친다. 꿈을 설계하고 그 꿈을 이루기 위해 나아가는 방법

중 하나가 바로 롤 모델이기 때문이다. 롤 모델이 누구냐는 물음에 선뜻 답을 하지 못하는 학생들도 많은데, 롤 모델이라는 것이 누가 정해주거나 명확한 답을 요구하는 것이 아닌 오롯이 자신의 생각으로 이루어지는 관계라는 것을 먼저 알아야 한다. 그런 면에서 직업과 꿈에 대한 확신이 없다면 롤 모델을 찾는 것이 매우 어려워질 수 있다. 진로 설정이 어렵고 헷갈린다면, 해당 분야에서 성공 궤도에 오른 인물을 찾아 그를 자신의 롤 모델로 삼아보길 권한다.

2010년 개봉한 영화 《블라인드 사이드》는 어린 시절 약물 중독에 빠진 엄마와 강제로 헤어진 후, 여러 가정을 전전하며 성장한 미식축구 선수 '마이클 오어'의 실화를 바탕으로 한다. 마이클은 그의 건장한 체격과 남다른 운동 신경을 눈여겨본 코치의 권유로 상류 사립학교에 진학하지만, 이전 학교에서의 성적 미달로 꿈에 그리던 운동은 시작조차 할 수 없게 되었고 그를 돌봐주던 집에서조차 쫓겨나 잠자리와 끼니를 걱정해야 하는 처지에 놓이게 된다. 추운 날씨에 반팔 셔츠만을 걸친 채 체육관으로 향하던 그때 우연히 마이클을 보게 된 '리 앤'. 그녀와 그녀의 가족들은 마이클의 멘토를 자처하며 어려운 환경에 놓인 마이클에게 도움을 주기 시작한다. 보잘것없던 마이클에게 헌신적인 사랑을 보여준 리 앤. 마이클에게 있어 리 앤은 세계적인 미식축구 스타로 성공할 수 있었던 가장 큰 힘이자 인생의 롤모델이 아니었을까?

이처럼 롤 모델은 행동과 가치관, 성공적인 모습 등을 통해 청소년들에게 영감과 지침을 선사하며, 모범적인 성공 세례를 통해 청소년들로 하여금 목표를 설정하고 스스로 꿈을 키워나갈 수 있는 동기를 부여한다. 영화 《기생충》으로 아시아 최초 아카데미 감독상을 수상한 영화감독 봉준호. 그는 세계 영화 역사에서 길이 남을 희대의 수상소감으로 전 세계의 수많은 영화 팬들에게 감동을 선사했다.

"어렸을 때부터 항상 가슴에 새기던 말이 있습니다. '가장 개인적인 것이 가장 창의적인 것'이라는 말인데요. 물론 책에서 읽은 것이었지만, 그 말을 하신 분이 바로 이 자리에 계신 마틴 스코세이지 감독님입니다. 저는 학교에서 마틴 영화를 보면서 공부했던 사람이고, 같이 후보로 오른 것만으로도 이미 너무 큰 영광인데 상까지 받게 되다니, 믿기지 않습니다."

봉준호 감독은 자신의 우상이자 영화 《아이리시맨》으로 함께 감독상 후보에 오른 마틴 스코세이지 감독에 대한 존경심 또한 전 세계인들이 지켜보는 가운데 여지없이 드러냈다.

"제 영화를 아직 사람들이 잘 모를 때 항상 제 영화를 리스트에 넣고 좋아해 주셨던 쿠엔틴 타란티노 감독님도 계신데, 정말 사랑합니다. 그리고 같이 후보에 오른 토드 필립스, 샘 멘데스 감독님도 제가 너무나 존경하는 멋진 분들인데 오스카 측에서 허락만 해주신다면 이 트로피를 텍사스 전기톱으로 5등분해 나눠 갖고 싶은 마음입니다."

　롤 모델은 사회적 변화의 주체가 되는 데에도 영향을 미치는데 그들은 사회문제에 대한 인식과 참여의식 고취를 통해 청소년들이 주도적으로 사회적 영향력을 발휘할 수 있도록 돕는다. 그뿐만 아니라 롤 모델의 행동과 태도를 보고 따라 하면서 긍정적인 가치관을 형성하고, 자기 존중감과 도덕적 가치, 인격 발달을 도모할 수도 있다. 물론 가치 전달에 실패하더라도 배움과 성장의 기회로 삼을 수 있는 계기가 자연스레 마련될 것이다.

　그렇다면 롤 모델은 어디서, 어떻게 찾아야 할까? 방법은 생각보다 간단하다. 나의 목표를 설정하고 그 분야에 있어 성공한 사람들에 대한 정보를 웹 서핑이나 책, 각종 커뮤니티 등을 통해 찾아본 후 그들의 이야기에 귀 기울이는 것이다. 그들의 발자취를 따라가다 보면 롤 모델이라고 칭할 수 있을 만한 인물과 마주할 수 있을 것이다. 이러한 방법을 통해 자신이 선호하는 분야의 전문가 혹은 롤 모델을 찾아내고, 그들의 경험과 인사이트를 배워가는 과정을 통해 진로선택에 도움을 받을 수 있다.

　명심해야 할 것은 그 롤 모델이 자신의 목표와 가치에 부합해야 하며, 그들의 성공을 단순히 모방하는 것이 아닌 자신만의 독특한 길을 찾아가야 한다는 점이다. 다시 말해 롤 모델은 자신의 강점을 발견하고 또한 그것을 키워가며, 꿈을 향해 나아갈 수 있다는 가능성을 실제 사례를 통해 확인하는 것이다. 다음은 영화 《이상한 나라의 수학자》에 나오는 대사다.

"답을 내는 것도 중요하지만, 질문이 뭔지 아는 게 더 중요한 거야. 틀린 질문에선 옳은 답이 나올 수가 없기 때문이지. 답을 맞히는 것보다 답을 찾는 과정이 중요해."

해당 대사는 극중 삼각형의 넓이를 구하던 고등학생 '지우'에게 탈북 후 자신의 신분을 숨긴 채 고등학교 경비로 살아가는 저명한 수학자 '학성'이 건넨 말로, 답을 찾는 것보다 답을 찾아가는 과정이 더 중요함을 다시금 되새기게 해준다. 지우는 학성의 가르침에 따라 꿈의 실현을 위해 자신이 할 수 있는 최선의 노력을 다하게 되고 그렇게 점점 변화하기 시작한다. 결국 지우는 학성을 자신의 롤 모델로 삼아 인생의 새로운 전환점을 만들어낸 것이다. 우리 인생도 마찬가지다. 자신이 추구하는 삶의 답을 맞히는 것보다 답을 찾는 과정이 훨씬 값지고 중요하다. 사람들은 서로 영향을 주고받는다. 다른 사람의 말을 통해 좋은 자극을 받을 수 있다는 것이다. 이를 위해 청소년들에게 몇 가지 당부하고자 한다.

**첫째,** 자신을 믿어라. 우리 모두 독특한 아이디어와 가공할 잠재력을 지니고 있다. 다른 사람들의 말을 듣고 영감을 받을 수도 있지만, 자신의 내면에 아직 잠들어 있는 무한한 가능성 역시 신뢰해야 한다.

**둘째,** 마음을 열고 호기심을 가져라. 주변 사람들의 이야기에 귀를 기울이고 새로운 경험과 지식을 탐구하다 보면 이전보다 폭넓은 사고와 다양한 관점이 생길 것이다. 그 과정을 통해 막힌 사고를 확장시키고 자신의 능력을 꾸준히 성장시켜 나갈 수 있다.

**셋째,** 실패를 두려워 말라. 실패는 성공의 밑거름이며, 자신을 성장시킬 수 있는 절호의 기회이다. 자신의 능력을 믿고 도전하는 용기를 가진다면 실패를 통해 큰 배움을 얻고 끝내 더 나은 성취를 맛보게 될 것이다.

**넷째,** 선한 영향력을 지닌 사람들과 소통하라. 가족, 친구, 선생님, 멘토 등 자신을 지지해주고 도와줄 수 있는 사람들과의 관계를 원만하게 형성해야 한다. 이들은 나의 성장과 발전을 진심으로 응원하며 나에게 꼭 필요한 조언과 격려를 아낌없이 제공해주는 소중한 존재이다.

**다섯째,** 진정한 희망을 가져라. 인생을 살아가며 어떤 어려움이 있을지 모르지만, 희망을 잃지 않고 앞을 보며 나아가려는 의지와 의욕이 필요하다. 우리는 자신의 '결정'과 '열정'을 따라가며, 성공을 향해 달려나갈 수 있는 힘을 갖고 있다. 희망의 끈을 붙잡고 꿈을 향해 전진하다 보면 울퉁불퉁한 자갈길을 넘어 곧게 뻗은 아스팔트 위를 걷는 자신을 발견하게 될 것이다.

**여섯째,** 롤 모델을 정하라. 내 인생의 '길라잡이'가 될 수 있는 롤 모델은 어쩌면 아주 가까운 곳에 있을지도 모른다. 롤 모델을 찾는 것도 어쩌면 미래를 향한 새로운 도전일 수도 있다. 기적은 혼자서는 만들어나갈 수 없다. 중장거리 달리기를 할 때 페이스메이커<sup>pacemaker</sup>가 따라붙는 것도 다 그러한 이유 때문이다. 여러분이 롤 모델과 함께 꿈을 향해 달려나가는 진취적인 사람이 되길 진심으로 응원한다.

# ✪ Chapter 3 ✪

# 똑똑,
# 길 좀 묻겠습니다

# 나는 진로와 '썸' 탄다

우리는 '썸 타다'라는 말을 쉽게 접한다. '썸'은 연인 관계는 아니지만 서로 사귀듯 가까이 지낸다는 의미로 영단어 'Something'에서 파생된 신조어이며 학생들 사이에서는 썸녀, 썸남 등이 특히 널리 쓰인다. 에세이 《언어의 온도》에서 이기주 작가는 썸을 '좋아하는 감정이 있다는 확신과 의심 사이의 투쟁'이라고 말했는데, 이처럼 누군가를 좋아하는 것은 꽤 복잡하고 헷갈리고 머리 아픈 일이다.

'진로 선택'도 '썸'과 크게 다르지 않다. 올해 고등학생이 된 희선이는 다재다능한 친구다. 초등학교 땐 발레를 배워 콩쿠르에 나갔고, 중학생이 되고 나선 악기에 흥미가 생겨 기타를 쳤다. 춤을 좋아해서 학교 행사 때 무대에 서기도 했다. 이렇게 좋아하는 게 많은 희선이에게도 고민이란 게 있을까?

"제가 뭘 좋아하는지 생각해보면 음악 그리고 춤, 쉽게 답이 나와요. 그런데 예술 쪽이라 먹고 살기 힘들 것 같더라고요. 저도 경찰, 빅데이터 전문가 같은 현실적인 진로를 정해야 할 것 같아요. 미래에 뜨는 직업 중에서 하나 찾아보려고요."

그렇게 희선이는 '이상'과 '현실' 사이에서 갈등하다 끝내 유망한 직종으로 진로를 틀었다. 아이러니한 것은 유망한 직업일수록 유망하지 않을 가능성이 크다는 것인데, 이것을 '유망한 직업의 역설'이라 부르기도 한다. 경영학자 '피터 드러커(Peter Drucker)'는 "우리가 미래에 대해 아는 유일한 사실은 현재와 다르리라는 것뿐"이라고 말했다. 촉망받던 직무 영역의 대체도구가 나타나면 사양길로 들어서는 것은 시간문제다. 그래서 소위 뜨는 직업을 진로로 결정했다면 '유망한 직업의 역설'로 인한 상황 악화를 어느 정도 예상하고 있어야 한다.

다시 '썸' 이야기로 돌아가 보자. 우리는 내 마음과 상대의 마음에 대한 의심이 사라지면 '썸' 관계를 끝내고 비로소 본격적인 사랑을 시작한다. 진로를 선택하는 과정도 이와 비슷하며 자신이 잘하는 일, 좋아하는 일, 잘 모르지만 관심이 생긴 일 등을 요모조모 살펴봐야 한다. '이 일을 직업으로 삼으면 어떨까?' 같은 질문을 끊임없이 던지다 보면 윤곽이 어느 정도 잡힐 것이다.

일반적으로 진로 탐색은 직업 세계에 접근하고자 하는 행동적, 인지적 활동을 의미한다. 요즘은 교과서를 벗어나 각종 취업 사이트, 책, 방송, 박람회 등에서도 직업에 대한 정보를 쉽게 얻을 수 있으며 특강, 직업 현장 방문 등 현직 종사자들에게 생생한 이야기를 들을 기회도 많다. 궁금한 직업이 있다면 우선순위를 정한 뒤 계획을 세워 하나씩 체험해 보자. 처음엔 관심 분야 위주로 찾겠지만 그 외의 분야도 골고루 체험해 보는 게 좋다. 미지의 세계에 대한 정보를 얻다 보면 자신도 몰랐던 재능을 발견할 수도 있기 때문이다. 자기 탐구 없이 진로를 선택하는 건 수많은 '가능성'을 포기하는 것과 같다.

내가 누구인지, 뭘 좋아하고 뭘 잘하는지, 숨겨진 재능은 무엇인지 알아가는 과정은 그 자체로 즐거워야 한다. 질문하고 탐구하는 과정에서는 선택의 폭도 넓어지기 마련이다. 이런 과정을 거치면 생각이 명료해지고 목표에 대한 의지와 의욕 또한 생긴다. 물론 막연한 관심을 구체적인 목표로 바꾸는 일이 쉬운 건 아니다. 하지만 삶의 방향성을 고민하는 순간은 인생에서 꽤 자주 찾아오며 그때 주도적, 능동적으로 방향을 설정해 본 경험이 큰 힘을 발휘하게 된다.

유튜브 채널 〈미미미누〉의 'N수의 신' 31화에서는 조선대학교 의과대학에 신입생으로 입학한 45세 곽 모 씨의 사연이 공개되며 화제를 모았다. 1994년도 충남과학고 1기 졸업생 곽 씨는 서울대학교 전기

공학부에 진학했다. 대학 생활을 하며 전공이 자신의 적성과 맞지 않는다고 생각한 곽 씨는 방황하는 가운데서도 백수가 되어서는 안 된다는 일념으로 대기업 프로그래머로 입사해 20여 년을 평범한 직장인으로 살았다. 그러던 어느 날, 문득 5살이 된 딸이 떠오르며 겁이 나기 시작했다고 한다.

**"아이가 대학생이 될 때까지 제가 직장에 계속 다니고 있다면 학비가 지원될 텐데, 그러한 미래가 안전하게 보장되지 않으니 고민이 되었습니다."**

아내와 의논을 거듭하던 끝에 곽 씨는 펜을 들 수 있는 나이까지 계속 일할 수 있다는 전문직에 도전해보겠노라 결심하고 수능을 치렀다. 곽 씨는 세 번의 수능을 통해 만족스러운 점수를 얻을 수 있었고 끝내 조선대학교 의과대학에 입학, 새로운 길로 들어서게 되었다.

고등학교 시절, 화학공학과 진학을 목표로 했던 백 씨는 부모님과 담임 선생님, 교장 선생님의 강력한 권유로 의대에 진학했다.

**"의대 공부가 적성에 맞지 않았습니다. 악으로 깡으로 버티며 끝까지 해보려고 마음먹은 적도 있었지만, 그 결정이 결과적으로 저를 행복하게 해주진 못했던 것 같습니다."**

남들은 가고 싶어도 못 가는 의대 자퇴를 결심 후 부모님의 심한 반대에 부딪히기도 했지만 백 씨는 끈질기게 설득했고 이에 부모님은 '너 하고 싶은 대로 한 번쯤은 하고 살아야 되지 않겠냐'며 백 씨의 의견을 존중해주었다. 평소 교육정책 분야에 관심이 있던 백 씨는 현재 수학교육과에 진학해 새로운 목표인 '교육감'을 위해 정진하고 있다.

　호텔에서 셰프로 일하고 있는 30대 이 씨의 꿈은 의사였다. 목표가 있었기에 누구보다 치열한 수험생활을 했고, 의대 입학 후 공부도 열심히 했다. 그런데 본과 진학을 앞두고 문득 '내가 평생 이 일을 즐기면서 할 수 있을까?' 하는 의문이 들었고 원하는 삶의 모습을 새롭게 그려보기 시작했다. 진지한 진로 탐색 끝에 메스 대신 식칼을 쥐기로 결정, 호텔관광대학에 입학했다. 이 씨는 자신의 삶을 성공한 삶이라 말한다. 그가 생각하는 '성공'은 '자기 일을 즐기는 것'이었기 때문이다.

　성공은 흔히 사회적 지위, 부, 명예로 치환되지만 사실 성공에는 다양한 모습이 있다. '목적하는 바를 이룸'이라는 성공의 사전적 정의처럼 내가 하고 싶은 것, 원하는 것을 만족시키는 행위도 성공이라 볼 수 있다. 사람에겐 누구나 하고 싶은 것이 있을진대 자신이 바라는 모습과 현재 모습에 괴리가 있거나, 여러 이유로 인해서 하고 싶은 걸 하기 어려운 상황이 생길 수 있기에 우리는 문제 해결을 위한 목표를 세우고, 그 목표를 이루기 위해 노력하며 성공에 조금씩 가까워져야 한다.

'내가 원하는 직업 세계'라는 목표를 갖는다는 점에서, 진로 탐색은 성공의 과정과 일맥상통한다. 예시의 인물들처럼 좋아하는 일과 현실적인 일 사이에서 고민하는 것, 자신이 정말 즐기면서 할 일을 찾는 것은 성공을 향해 가는 하나의 과정이라 볼 수 있다.

진로 탐색은 그 누구도 아닌 '나'로부터 시작되어야 한다. 내가 누구인지 알아야 그것을 바탕으로 인생을 계획하고, 방향을 설정할 수 있기 때문이다. 내가 좋아하는 것과 싫어하는 것, 나의 강점과 약점, 잘하는 것과 하고 싶은 것을 아는 것은 진로 선택을 위해 가장 먼저 해야 할 일이다. 그것이 내가 목표한 바를 이루고 가장 나답게 성공하는 일임을 기억하며 진로와의 '썸'을 어서 시작해보자.

## 인생은 헬렌 켈러처럼!

"나는 모든 것을 할 수는 없지만, 무언가를 할 수는 있다. 그러므로 나는 내가 할 수 있는 것을 기꺼이 하겠다."

생후 19개월 때 발병한 뇌척수막염으로 인해 평생을 시각장애와 청각장애, 언어장애를 안고 살아야 했지만 현실을 부정하기보다 끈기와 집념으로 이를 극복한 '헬렌 켈러(Helen Keller)'가 남긴 말이다. 역사상 가장 위대한 지도자 중 한 명으로 손꼽히는 영국의 '윈스턴 처칠(Winston Leonard Spencer Churchill)'이 '우리 시대 가장 위대한 여성'이라고 칭송했을 만큼 헬렌 켈러의 위상은 대단했고, 1999년 글로벌 여론조사기관 갤럽Gallup이 선정한 '20세기 가장 널리 존경받는 인물 18인'에도 이름을 올렸다.

이러한 헬렌 켈러의 생애 이면에는 모두가 포기했을 때 그녀에게 손을 내밀어 세상과 소통할 수 있는 법을 가르쳐준 스승 '앤 설리번(Ann Sullivan)'의 노력이 있었다. "당신이 없으면 헬렌은 아무것도 아니다"라는 말에 "그럼 내가 헛되이 산 것"이라고 답한 일화는 헬렌 켈러를 향한 앤 설리번 선생님의 진심을 확인할 수 있는 대목이다.

헬렌 켈러에게 앤 설리번이라는 존재가 없었다고 가정해보자. 우리는 장애인이나 소외된 이들의 인권을 위해 평생을 바친 위대한 인물을 잃게 될 것이고, 장애를 극복하고 시청각장애인 최초로 대학 졸업장을 수여 받은 헬렌 켈러의 입지전적인 스토리 역시 쉽게 공감하지 못했을 것이다. 무엇보다 평생 장애를 안고 살아가야 했던 헬렌 켈러의 삶이 과연 실제처럼 행복했을까 하는 의문도 가져볼 수 있다.

헬렌 켈러와 같은 삶은 지난 2005년 개봉되어 수많은 이들에게 감동을 안겨준 조승우 주연의 영화 《말아톤》에서도 찾아볼 수 있다. 《말아톤》은 5살 지능에 멈춰 있는 20세 자폐 청년이 달리기를 통해 자신을 발견해 가는 이야기를 담은 영화로, 장애를 딛고 2001년 춘천마라톤에서 풀코스 2시간 57분 7초의 기록으로 서브3Sub-3를 달성한 뒤 이듬해 철인3종경기에 출전, 수영 3.8km, 사이클 180.2km, 마라톤 42.195km를 15시간 6분 32초에 주파해 국내 최연소이자 장애인 최초로 철인에 등극한 배형진 씨의 실화를 모티브로 제작됐다.

불가능할 것만 같았던 헬렌 켈러, 그리고 배형진 씨의 삶. '모든 것을 할 수는 없지만, 무언가를 할 수는 있다'는 헬렌 켈러의 말처럼, 할 수 있다는 믿음은 한 사람의 인생을 불행에서 행복으로 바꿀 수 있는 강인한 신념이 되기도 한다. 선천적이건 후천적이건 누구에게나 잘하는 것, 잘할 수 있는 것 등 자신만의 강점이 존재한다. 이를 발견하기 위해서는 그에 따른 노력이 반드시 수반되어야 하며, 찾았다 할지라도 이를 자신만의 것으로 승화시키기 위해서는 절대적인 믿음이 뒷받침되어야 한다.

이러한 관점에서 볼 때 '포브스 아시아 30세 이하 리더'에 선정된 자율주행 로봇 스타트업《뉴빌리티》이상민 대표의 사례는 가히 눈여겨볼 만하다. 자율주행 로봇으로 배달대행 시장에 혁신을 불어넣고 있는 차세대 비즈니스 리더 이 대표는 "일론 머스크나 제프 베이조스처럼 창의적인 기술로 인류의 가슴을 뛰게 하는 기업가가 되고 싶다"라고 자신 있게 말한다. 연세대학교에서 천문우주학을 전공한 이 대표는 고교 시절 NASA 주관 대회에서 항공우주 부문 대상을 수상했고, 대학에서는 초소형 위성을 직접 개발하기도 했지만 로봇에 대한 관심은 전무했다. 그런 이상민 대표를 로봇 분야 창업으로 이끈 것이 있었으니… 다름 아닌 '동아리 활동'이었다. 자율주행 분야 중에서도 배달 로봇의 잠재력을 높이 평가했고, 로봇 동아리를 운영하며 투자재단으로부터 5,000만 원을 투자받아 본격적으로 사업을 시작했다.

　중국 춘추시대의 사상가 공자의 말을 기록한 〈논어〉 위정편에는 '학이불사즉망, 사이불학즉태'라는 말이 있다. 배우기만 하고 생각하지 않으면 얻는 것이 없고 생각하기만 하고 배우지 않으면 위태롭다는 뜻이다. 결국 공자는 배움과 생각을 함께 해야 진정한 의미로서의 '앎'을 얻을 수 있다고 여긴 것이다. 로봇에는 관심이 없었으나 자율주행과 관련해 배달 로봇에 대한 성장 가능성을 생각하고, 자신이 터득한 지식을 적재적소에 활용하며 성공한 창업가의 반열에 올라선 이 대표 역시 공자가 말하는 진정한 '앎'을 실천한 긍정적인 사례로 평가할 수 있다.

　자신의 진로는 스스로 '발견하는 것'이지만 적성이나 개성, 지향점을 발굴하고 이를 이루기 위해 노력하는 과정은 '만들어나가야 하는 것'이다. 자신의 강점을 스스로 깨닫는 경우도 많지만, 헬렌 켈러의 천재성을 알아본 앤 설리번 선생님, 타고난 신체 능력을 발견하고 포기하지 않도록 끈기와 용기를 심어준 배형진 씨의 어머니처럼 때로는 조력자가 그 역할을 대신해 줄 수도 있다. 물론 그 가치가 빛을 발할 수 있도록 실력을 갈고닦아야 하는 건 어디까지나 본인의 몫이지만 말이다.

올해 중학교 입학을 앞둔 해준이는 자신감이 넘친다. 좋은 대학에 들어가서 원하는 직업을 갖겠다는 포부도 크다. 본래의 꿈은 교사였는데 출산율이 급감함에 따라 교사에 대한 부정적인 인식도 커져 갔다. 해준이 어머니는 어릴 때부터 스스로 방향성을 찾고자 하는 해준이가 대견스러운 한편 정작 무엇을 해야 하는지 고민에 빠진 해준이의 모습이 걱정스럽다고 말했다. 일과 직업에 있어서는 폭넓은 가치 탐구가 필요한데, 해준이는 마치 음식점에서 메뉴를 고르듯 당장 오늘 저녁에 어울리는 메뉴를 찾는 듯하다는 것이다.

이 사례에서 알 수 있듯 직업이나 진로에 대한 정보습득 풀Pool이 넓어진 것은 사실이나, 아직 올바른 직업관이 형성되지 않은 청소년들에게는 진로선택이 여전히 혼란스러울 수밖에 없다. 고무적인 것은 청소년들의 진로 교육에 대한 관심이 집중됨에 따라, 교육계를 중심으로 청소년들이 올바르게 진로를 선택하고 결정할 수 있는 기반이 확보되고 있다는 점이다. 헬렌 켈러의 앤 설리번 선생님, 배형진 씨의 어머니가 그랬던 것처럼 말이다.

세계 최대 규모를 자랑하는 온라인 상거래 플랫폼 아마존Amazon의 창업자이자 초대 CEO를 역임한 '제프 베이조스(Jeff Bezos)'는 저서 《발명과 방황》을 통해 장기적 관점의 중요성에 대해 말한다. 또한 그가 설립한 민간 우주기업 블루 오리진Blue Origin의 슬로건으로 '그라다

팀 페로키테르(Gradatim Ferociter)'을 내걸며, 인류의 우주여행을 위해 '한 걸음씩 용감하게' 전진하겠다고 말했다. 무언가를 발명하고 새로운 일을 하는 데 있어 장기 지향적 시각은 필수적이다.

　행복한 미래를 위해 진로에 대한 탐구와 결정은 반드시 필요하지만, 이는 말처럼 쉬운 일이 아니다. 중요한 것은 진로는 물건 고르듯 하루, 이틀 만에 찾아가는 게 아니라 명확한 목표의식 아래 장기적으로 만들어나가야 한다는 것이다. 시작이 두려운가? 그렇다면 시각과 청각, 언어장애를 극복하고 전 세계인의 존경을 받는 인물로 성장한 헬렌 켈러와 터질 듯한 심장을 부여잡고 목표지점을 향해 달리고 또 달린 배형진 씨를 떠올려보자.

# MBTI 백배 활용법

한 식물이 꽃을 활짝 피우고자 한다면
우선 자신이 뿌리를 두고 있는 토양에서 성장할 수 있어야 한다.

― 칼 융(Carl G. Jung)

구글 트렌드 키워드 검색 결과, MBTI를 많이 검색한 나라 1위는 다름 아닌 대한민국으로 밝혀졌다. '내가 어떤 사람인지', '상대방이 어떤 사람인지'에 대한 관심도가 높아진 탓일 것이다. 물론 성격유형을 통해서 자신의, 혹은 상대방의 성공 여부를 알 수는 없겠지만 도전이나 성취감, 의욕과 확신을 불러일으키는 요인 발견에는 적지 않은 도움이 되기도 한다. 즉 일과 관계에서 어떤 선택을, 어떻게 해야 하는지 감을 잡을 수 있게 된다는 것이다.

"저는 INFP에요."

122

## "저 ENTJ 나왔어요."

MBTI로 자신을 표현하는 것은 인사말처럼 자연스럽고 익숙하다.
그런데 막상 상담을 시작하면 상황은 달라진다. 학습할 때, 팀 활동
을 할 때, 친구 관계에서, 여가 시간을 보낼 때, 일상생활에서 어떤
특징을 보이는지 구체적으로 적어보라고 하면 난감해하는 모습을
보이는 친구들이 대부분이다. 문제 해결에 앞서 MBTI의 각 기능에
대한 의미를 상세히 알아보자.

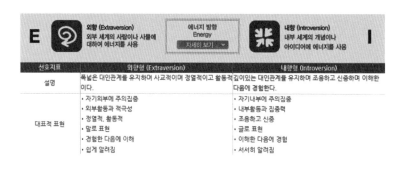

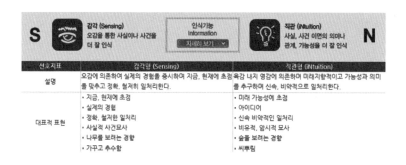

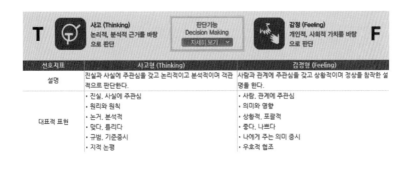

| 선호지표 | 사고형 (Thinking) | 감정형 (Feeling) |
|---|---|---|
| 설명 | 진실과 사실에 주관심을 갖고 논리적이고 분석적이며 객관적으로 판단한다. | 사람과 관계에 주관심을 갖고 상황적이며 정상을 참작한 설명을 한다. |
| 대표적 표현 | • 진실, 사실에 주관심<br>• 원리와 원칙<br>• 논거, 분석적<br>• 맞다, 틀리다<br>• 규범, 기준중시<br>• 지적 논평 | • 사람, 관계에 주관심<br>• 의미와 영향<br>• 상황적, 포괄적<br>• 좋다, 나쁘다<br>• 나에게 주는 의미 중시<br>• 우호적 협조 |

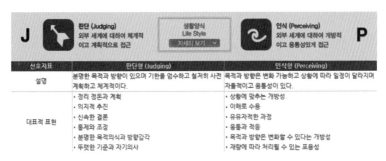

| 선호지표 | 판단형 (Judging) | 인식형 (Perceiving) |
|---|---|---|
| 설명 | 분명한 목적과 방향이 있으며 기한을 엄수하고 철저히 사전 계획하고 체계적이다. | 목적과 방향은 변화 가능하고 상황에 따라 일정이 달라지며 자율적이고 융통성이 있다. |
| 대표적 표현 | • 정리 정돈과 계획<br>• 의지적 추진<br>• 신속한 결론<br>• 통제와 조정<br>• 분명한 목적의식과 방향감각<br>• 뚜렷한 기준과 자기의사 | • 상황에 맞추는 개방성<br>• 이해로 수용<br>• 유유자적한 과정<br>• 융통과 적응<br>• 목적과 방향은 변화할 수 있다는 개방성<br>• 재량에 따라 처리될 수 있는 포용성 |

출처: 어세스타

## "왜 검사할 때마다 MBTI 검사 결과가 바뀌나요?"

예를 들어보자. 현준이는 이제 막 초등학교를 졸업하고 중학생이 되었다. 6년 동안 다닌 초등학교의 환경에 완벽히 적응되어 있었고 친구들과 선생님에 대한 어색함도 없었다. 그러나 중학생이 되면서 학교와 친구들, 선생님, 규칙과 시스템이 달라지는 새로운 '국면'과 맞닥뜨리게 된다. 현준이는 변화한 환경에서 초등학생 때와 같은 사고와 행동을 할 수 있을까?

《당신이 알던 MBTI는 진짜 MBTI가 아니다》의 저자 고영재는 "MBTI에서는 성격을 타고나는 것으로 본다. 물론 환경과의 상호작용을 통해 크고 작은 변화를 겪지만, 기본적인 성격유형 자체는 변하지 않는다. 그리고 그러한 고유한 성격유형을 파악하는 기준을 '심리 선호 경향'이라고 한다. '심리 선호 경향'은, 행동이 아닌 '내면적 특성'을 근거로 성격이 결정됨을 의미한다. MBTI는 행동이 아닌, '심리적' 선호 경향의 측정이다."라고 밝혔다.

진로 수업을 시작하기 전, 나는 늘 성격유형검사의 기준에 대해 먼저 강조한다. 성격유형검사는 그 사람의 선호 경향성을 파악하는 자기 보고식 검사로, 현재의 심리상태를 측정하는 심리테스트와는 달라야 한다. 또한 위에 제시된 '4가지 선호 지표'와 같이 각 표의 의미를 알게 되면 나의 선호패턴을 이해하게 되고, 어떤 선택과 결정을 하게 되는지 알아차리게 된다. '알아차림'은 자신에 대한 관심에서 시작해 끊임없는 탐색 과정을 거치게 된다. "나는 ISTP야", "너는 ENFP라서 그래" 등 특정유형으로 자신이나 타인을 단정하기보다는 스스로를 이해하기 위한 하나의 도구로 활용하는 것이 바람직하다.

성적이 오르면 오르는 대로 불안하고, 성적이 떨어지면 떨어지는 대로 불안하고, 친구 관계 때문에 우울해하고, 갈등하고, 고민하고… 하루 종일 공상에만 빠져 살다가 불을 끄고 누웠을 때 '왜 나만

이럴까?'라는 생각이 든다면 성격유형검사를 통해 자신이 어떤 타입의 사람인지 알아본 후 자기만의 방식을 찾는 것이 좋다. 자신의 선택이 무엇을 의미하는지, 무엇에 불안감을 느끼는지, 혹은 무엇에 만족해하는지, 효과적인 학습방법은 무엇인지 등을 스스로 깨우칠 수 있을 것이다. 깨우침은 곧 행동과 직결된다.

**"아는 것은 행하는 것의 시작이고, 행하는 것은 아는 것의 완성이다."**

명나라 중기의 사상가이자 양명학의 창시자 '왕수인'이 한 말이다. 다이어트를 어떻게 해야 하는지 모르는 사람은 없다. 또 안다고 해서 모두 다이어트에 성공하지는 않는다. 다이어트를 하겠다는 다짐과 다이어트를 위한 실천이 이행될 때 비로소 변화를 경험하게 되는 것이다. 자신의 성격유형 역시 아는 것에 그치지 않고, 그것을 행하는 과정을 즐겨보자.

중학교 2학년인 지연이는 요즘 들어 고민이 많다. 성적은 상위권이지만 아직 이렇다 할 목표가 없어 늘 자책한다. 처음에는 낯을 많이 가리지만 친해지면 또 금세 잘 어울린다. 모둠 활동을 할 때 참여를 주저하는 친구들에게 각각의 책무를 주고 주제발표를 하기도 했다. 상담하는 과정에서 지연이는 자신이 꽤 잘하고 있다는 것을 깨달았고, 그런 자신을 알게 되어 행복하다고 했다. 지연이는 결국 '교육공학자'라는 꿈을 갖게 되었고 그에 따라 진로 방향성을 구축해 나갔다.

세상에는 생각지도 못한 변수들이 많다. 성장에 성장을 거듭하며 요구와 기대는 많아지고, 새로운 관계를 형성하며 더 큰 세계로 나아가게 된다. 예기치 않은 상황과 사람, 다양한 경험들과도 마주하게 될 것이다. 힘든 일도 있겠지만, 좋은 일도 분명 기다리고 있다. 중요한 것은 자신을 누군가와 비교할 필요가 없고, 누군가의 기대치에 맞출 필요가 없다는 것!

제멋대로 사는 것이 아닌, 나답게 사는 방식을 알아가기 위해서라면 자신의 성격유형을 한 번쯤 면밀하게 파악해 보는 게 어떨까?

# 목표를 적으면 목표가 보인다: 만다라트 작성하기

"OOO는 꿈이 뭐야?"

누구나 한 번쯤 부모님이나 선생님, 친척 어른들로부터 이러한 질문을 받아봤을 것이다.

"네, 저는 검사가 꿈이에요."
"오타니 쇼헤이 같은 야구선수요!"
"승무원이요."

답이 끝나기 무섭게 어른들은 다시 이렇게 말한다.

"그래, 공부 열심히 해서 꿈을 꼭 이루렴."

이는 지극히 평범하고 일상적인 물음과 답처럼 보인다. 하지만 자세히 들여다보는 순간 한 가지 의문점이 생긴다. 꿈을 이루기 위해서 왜 하필 '공부'를 열심히 해야 하냐는 것이다. 한 아이의 꿈 앞에서 구체적인 방향성을 제시해 줄 수 있는 어른은 극히 드물다. 안타깝게도 우리는 '공부'만을 학창시절의 '최우선'으로 삼았으며, 오직 '성적'으로 그 아이의 가치를 판단하는 뒤틀린 방식에 익숙해져 있다. 문제는 이러한 패턴이 진로 결정에 있어 가장 중요한 시기인 청소년기까지 이어질 수 있다는 것인데, 사람마다 이루고 싶은 것이 다름에도 공부에만 몰두하다 보니 꿈과 목표가 가진 색채는 점점 희미해져 갈 수밖에 없다. 이러한 현상은 '꼭 될 거야'라는 마음가짐을 '될 수 있을까?'로 바꿔놓으며 아이의 정서적 건강을 해치고 만다.

꿈이 꼭 특정 직업에만 국한되지는 않는다. 자신이 실현시키고자 하는 것, 경험해보고 싶은 것도 얼마든 꿈의 범주에 머무를 수 있다. 10여 년간 80개국 떠돌며 해외 취업하기, 부모님 집 사드리기, 다큐멘터리 만들기, 발리우드* 영화 출연하기, 에베레스트 오르기, 화장품 모델 되기, 엄마 되기 등 무려 72개의 꿈을 이룬 대한민국 대표 꿈 멘토이자 《멈추지 마, 다시 꿈부터 써봐》의 저자 김수영 씨는 세계 각지를 다니며 꿈에 대한 인터뷰를 진행했다.

---

* 발리우드: 봄베이(Bombay, 1995년부터 뭄바이로 명칭 변경)와 할리우드의 합성어. 인도 영화 산업을 통칭하는 말로 쓰인다.

의사나 수공예 전문가가 되겠다는 보편적인 꿈도 있었지만, 해변에 바bar가 있는 작은 호텔을 가지는 것, 외국에 나가 병을 고치는 것, 나와 내 가족을 위해 백만 달러를 버는 것, 우리 엄마처럼 아름다운 엄마가 되는 것, 진짜 공주를 만나 보는 것, 날아가는 것 등등 우리가 익히 알고 있던 꿈과는 사뭇 다른 꿈도 있었다. 이처럼 꿈은 하고 싶은 것과 가지고 싶은 것, 어떠한 존재가 되는 것으로도 그 범위를 넓힐 수 있다. 누군가에게는 꿈이 많을 수도 있고, 또 누군가에게는 꿈이 적을 수도 있다. 중요한 것은 꿈을 찾고자 하는 호기심이다. 자신의 꿈이 지나치게 추상적이라면 꿈에 대한 구체적인 목표를 세우고, 그 목표를 달성하기 위한 단계별 계획을 세우는 것이 중요하다.

이와 관련해 한 가지 사례를 예로 들어볼까 한다. 고등학교 2학년인 원선이는 중학교 졸업을 앞두고 고민이 많았다. 어릴 적부터 예체능에 관심이 있었고, 발레와 수영, 검도, 합기도, 피아노, 기타 등을 배우며 다방면에 소질을 보였으나 막상 고등학교 입학 시기가 다가오자 '예체능으로 안정적인 생활을 할 수 있을까?' 하는 불안감이 들기 시작한 것이다. 원선이와 상담을 하면서 몇 가지 진로검사와 더불어 '가치 찾기'를 진행했다. 진정한 가치를 찾으려면 우선 자기 자신에게 무수한 질문을 던질 수 있어야 한다는 것을 먼저 일러주었다.

**'나는 무엇을 원하지?'**

'나는 어떤 삶을 기대하고 있지?'

즉시 답하지 않아도 좋다. 이 모든 물음은 '가치 찾기'의 과정이며, 스스로를 들여다보는 노력은 무엇과도 비교할 수 없을 만큼 값지기 때문이다. 가령, 이러한 물음을 수학 시간에 적용해 본다면 이렇게 될 것이다.

'나는 이번 수학 시간에 무엇을 원하지?'
'집중했을 때 내가 얻을 수 있는 건 뭐지?'

이는 자신이 원하는 것이 무엇인지 찾아 나가는 가장 본질적인 접근법이다. 진로상담은 곧 '탐색전'이다. 성격검사, 흥미검사, 적성검사, 가치 찾기 등의 다양한 활동을 통해 원하는 목표에 좀 더 수월하게 도달하는 데 그 의미를 둔다. 원선이는 이러한 일련의 과정을 거치며 인지심리학자라는 새로운 꿈을 찾을 수 있었다. 무엇보다 직업선택 시 가장 중요하게 생각했던 '핵심가치'를 찾음으로써 인지심리학자라는 꿈을 더욱 명확하게 다지게 되었다. 성공한 사람들은 자신의 꿈을 향해 끊임없이 노력하고, 실패와 어려움에도 굴하지 않았으며, 책임감을 가지고 목표를 향해 나아갔음을 잊지 말자.

**"나는 내 의지대로 된다."**

- 아르투어 쇼펜하우어(Arthur Schopenhauer)

스스로 계획표를 짜는 것도 목표 설정에 도움이 되겠지만, 최근에는 진로목표를 작성하고 이를 시각화한 '만다라트 Mandal-Art'에 대한 관심이 높아지고 있다. 지난 1987년 일본의 디자이너 '이마이즈미 히로아키'가 개발한 아이디어 발상법 '만다라트'는 얼마 전 야구월드컵으로 불리는 '월드 베이스볼 클래식'에서 일본을 우승으로 이끈 세계적인 일본인 메이저리거, '오타니 쇼헤이'가 자신의 목표를 이루기 위해 고등학교 1학년 때 작성한 것으로 알려지며 화제를 모으기도 했다.

만다라트는 중심 주제나 목표를 가운데 두고, 가지 형태로 뻗어 나가는 아이디어와 연결고리를 시각적으로 나타낸 것으로 중심 주제를 적고 그 주제와 관련된 세부 항목을 추가하면서 목표를 '구조화'할 수 있다. 오타니 쇼헤이는 감독님의 조언에 따라 학창시절 때부터 '8구단 드래프트 1순위'를 목표로 잡았다. 이어 꿈을 이루는 데 필요한 구체적인 목표 8개를 설정하고 72개의 세부적인 목표를 수립했다. 눈에 띄는 것은 구위나 체력, 변화구, 스피드 등 투수로서 갖춰야 할 조건뿐만 아니라 운과 인성, 정신력까지 세심하게 계획했다는 것. 그는 단순히 실력만으로는 성공할 수 없다는 사실을 일찍이 알고 있었을지도 모른다.

## 오타니 쇼헤이의 만다라트 계획표

| 몸관리 | 영양제 먹기 | FSQ 90kg | 인스텝 개선 | 몸통 강화 | 축 흔들지 않기 | 각도를 만든다 | 위에서부터 공을 던진다 | 손목 강화 |
|---|---|---|---|---|---|---|---|---|
| 유연성 | 몸 만들기 | RSQ 130kg | 릴리즈 포인트 안정 | 제구 | 불안정 없애기 | 힘 모으기 | 구위 | 하반신 주도 |
| 스테미너 | 가동역 | 식사 저녁7숟갈 아침3숟갈 | 하체 강화 | 몸을 열지 않기 | 멘탈을 컨트롤 | 볼을 앞에서 릴리즈 | 회전수 증가 | 가동력 |
| 뚜렷한 목표·목적 | 일희일비 하지 않기 | 머리는 차갑게 심장은 뜨겁게 | 몸 만들기 | 제구 | 구위 | 축을 돌리기 | 하체 강화 | 체중 증가 |
| 핀치에 강하게 | 멘탈 | 분위기에 휩쓸리지 않기 | 멘탈 | 8구단 드래프트 1순위 | 스피드 160km/h | 몸통 강화 | 스피드 160km/h | 어깨주변 강화 |
| 마음의 파도를 안만들기 | 승리에 대한 집념 | 동료를 배려하는 마음 | 인간성 | 운 | 변화구 | 가동력 | 라이너 캐치볼 | 피칭 늘리기 |
| 감성 | 사랑받는 사람 | 계획성 | 인사하기 | 쓰레기 줍기 | 부실 청소 | 카운트볼 늘리기 | 포크볼 완성 | 슬라이더 구위 |
| 배려 | 인간성 | 감사 | 물건을 소중히 쓰자 | 운 | 심판을 대하는 태도 | 늦게 낙차가 있는 커브 | 변화구 | 좌타자 결정구 |
| 예의 | 신뢰받는 사람 | 지속력 | 긍정적 사고 | 응원받는 사람 | 책읽기 | 직구와 같은 폼으로 던지기 | 스트라이크 볼을 던질 때 제구 | 거리를 상상하기 |

출처: 스포츠닛폰

    미루어 짐작하건대 오타니 쇼헤이는 목표를 이루기 위한 과정과 자신의 꿈에 대해 누구보다 진지하게 생각했을 것이다. 그리고 '만다라트' 종이 한 장에 기록한 작은 목표들을 하나씩 이루어 가며 전 세계가 주목하는 야구선수로 우뚝 설 수 있었을 것이다. 오타니 쇼헤이처럼 만다라트로 자신의 진로 목표를 세우고자 한다면 81개의 칸을 모두 채웠다는 것만으로도 어느 정도 만족감을 느낄 수 있을 것이다. 반대로, 이걸 다 지킬 수 있을까 하는 두려움에 휩싸일 수도 있다. 지속적인 실행이 주는 압박이 완전히 없다고 볼 수는 없겠지만, 도전하고 극복하는 자세가 우리를 한층 더 성장시킬 수 있음을 잊어선 안 될 것이다.

이러한 도전은 문제 해결 능력과 창의적 사고 향상에 많은 도움이 되는데 '기회'라는 것은 바로 이러한 사람들에게 주어지는 '선물' 같은 것이다. 나아가 그 선물은 더 나은 미래로의 개척을 도모하게끔 한다.

## 만다라트 작성 예시 1

| 학원다니기 | 멘탈관리 | 3시간 학습 | 성적(4등급) | 자격증취득 | 학습목표달성 | 베이커리 알바 | 자격증 취득 | 대회출전 |
|---|---|---|---|---|---|---|---|---|
| 실습 주2회*3시간 | 재빵,제과 기능사취득 | 정보취득 (온라인.경험자) | 목표의식 | 대학교입학 | 체력관리 | SNS운영 | 경력 | 유학 |
| 부모님지원 | 시간관리 | 아이디어정리 | 계획표 | 면접준비 | 대학입시정보 | 봉사활동 | 레시피만들기 | 아이디어제공 |
| 주변청소 | 긍정일기쓰기 | 긍정적인생각 | 재빵,제과 기능사취득 | 대학교입학 | 경력 | 아르바이트 | 홍보하기 | 가게보러다니기 |
| 주변인돕기 | 운 | 인사하기 | 운 | 개인베이커리 창업&체인점 10년 | 창업비용 | 생활비. 계획지키기 | 창업준비 | 정보수집 |
| 좋은 말 하기 | 칭찬하기 | 깔끔하게 살기 | 유학 | 건강 | 인맥 | 창업공부 (상권분석) | 지금 | 계획구체화 |
| 유학정보수집 | 비용마련 | 휴학계획구체화 | 물1리터이상 마시기 | 규칙적인 생활 | 2시이전 취침 | 지속적인 관계유지 | 커뮤니티활동 | 체험학습 참여 |
| 부모님과 상의 | 유학 | 토익토플공부 | 1시간 걷기 | 건강 | 가까운거리는 걸어서 생활 | 다양한 곳으로 가기 | 인맥 | 유명한곳 찾아가기 |
| 유경험자 대화하기 | 해당나라 언어학습 | 문화알아보기 | 5시간 숙면 | 규칙적 식습관 | 명상하기 | 제과제빵 전시회참여 | 글기고하기 | 먼저 말걸기 |

출처: 저자 제공

134

# 만다라트 작성 예시 2

| | | | | | | | | |
|---|---|---|---|---|---|---|---|---|
| 배려하기 | 진정성있는 관계형성 | 인정하기 | 부모님용돈 | 쓰임별분리관리 | 년소득10%기부 | 정기기부 | 헌혈 | 해외봉사 |
| 약속잘지키기 | 친구 | 진심으로 응원하기 | 자기개발비용 | 돈 | 장기적투자 | 지역행사 지원활동 | 봉사 | 재능기부 |
| 지속적인 만남 | 기념일 챙기기 | 어려울때 함께하기 | 적금 | 자산관리공부 | 단기적투자 | 수련활동 보조지도 | 문화,예술,체육 행사지원활동 | 모금캠페인참여 |
| 대학교입학 | 대학원입학 | 유학 | 친구 | 돈 | 봉사 | 결혼 | 귀기울여 듣기 | 칭찬하기 |
| 창업 | 직업 | 멘토활동 | 직업 | 행복한 삶 | 가정 | 집사기 | 가정 | 1년에4회 국내.외여행가기 |
| 커뮤니티활동 | 책출간 | 매체,방송출연 | 시간관리 | 건강 | 버킷리스트 | 리마인드 웨딩하기 | 기념일 챙기기 | 진정하게 대화하기 |
| 휴대폰 사용시간관리 | 매일 10분안에 할일 3가지씩 실천하기 | 기상시간 정하기 | 1년에한번 건강체크 | 정상체중 유지 | 물1리터마시기 | 다양한곳에서 매년 한달살기 | 악기 1개 배우기 | 홋카이도 보드타기 |
| 알람맞추기 | 시간관리 | 갑작스런일은 거절하기 | 하루1시간운동 | 건강 | 1시간이내거리는 걸어다니기 | 여행책 쓰기 | 버킷리스트 | 오로라여행 |
| 우선순위정하기 | 10분 휴식시간 포함하기 | 전날밤 계획세우기 | 5시간 숙면 | 규칙적 식습관 | 영양제먹기 | 다양한문화/친구 사귀기 | 반려견키우기 | 두바이에서 스카이다이빙 |

출처: 저자 제공

# 만다라트 작성 예시 3

| | | | | | | | | |
|---|---|---|---|---|---|---|---|---|
| 웹툰 3개 정해서보기 | 콘서트 가기 | 야구구경가기 | 청소년포럼 참여하기 | 진한친구 5명만들기 | 규칙잘지키기 | 전과목2등급 | 학원안빠지기 | 과제 제시간에하기 |
| 같은영화 3번보기 | 볼거리 | 전시회 구경가기 | 공모전 참여하기 | 학교생활 | 동아리활동 적극참여하기 | 독서리스트 30권읽기 | 공부 | 수업시간에 발표하기 |
| 남이섬 짚라인타기 | 일본오사카여행 | 쇼핑몰 구경가기 | 반대표로 체육대회나가기 | 모둠활동으로 1등하기 | 수업시간에 빠지지않기 | 시험3주전 실천하기 | 배운내용 A4정리학습하기 | 모르는 거 질문하기 |
| 참여하기 | 일기쓰기 | 인사하기 | 볼거리 | 학교생활 | 공부 | 주말 운동하기 | 2kg감량하기 | 물1리터 마시기 |
| 쓰레기줍기 | 인성 | 배려하기 | 인성 | 최고의 1학년지내기 | 건강 | 5시간 숙면취하기 | 건강 | 정기적인 휴식시간갖기 |
| 장점을 먼저보기 | 도와주기 | 칭찬하기 | 놀거리 | 인간관계 | 시간관리 | 아침밥 먹기 | 영양제 먹기 | 매일자신의 컨디션체크하기 |
| 10군데 맛집탐방 | 롯데월드가기 | 유니버셜스튜디오재팬 가기 | 부모님과 대화하기 | 안부묻기 | 인사하기 | 알람맞추기 | 긍정적으로 생각하기 | 정해진시간에 일어나기 |
| 한강공원에서 치킨먹기 | 놀거리 | 이화벽화마을 교복체험하기 | 멘토만들기 | 인간관계 | 인정하기 | 플래너 작성하기 | 시간관리 | 게임시간정하기 |
| 노래방가기 | 중학교친구 만나기 | 인천 자이나타운에서 사진찍기 | 도와주기 | 상대방의 좋은점 먼저보기 | 적절하게 거절하기 | 내일계획은 오늘세우기 | 일주일의 긍정문작성하기 | 자투리시간 활용하기 |

출처: 저자 제공

꿈을 이룬 사람들을 보면 부럽다. 그래, 부러울 수 있다. 그러나 언제까지 부러워하기만 할 것인가? 이제는 여러분 차례다. 우리 안에는 무한한 잠재력이 있으며, 꿈을 실현할 힘을 지니고 있다. 다음 만다라트 표는 공란이다. 아무것도 쓰여 있지 않다. 아무것도 쓰여 있지 않다는 것은 모든 것을 쓸 수 있다는 뜻이기도 하다. 성공할 수 있다는 믿음과 어떤 어려움이든 극복하겠다는 의지를 갖고 한 칸 한 칸 채워보자. 물론 처음부터 쭉쭉 써 내려가기는 어려울 것이다. 그러나 빈칸을 조금씩 채워 가다 보면 생각지도 못한 아이디어가 샘솟을 것이다. 원하는 만큼 지우고 필요한 만큼 고쳐도 된다. 이제 쓰고, 실행에 옮길 일만 남았다.

## 만다라트 작성표

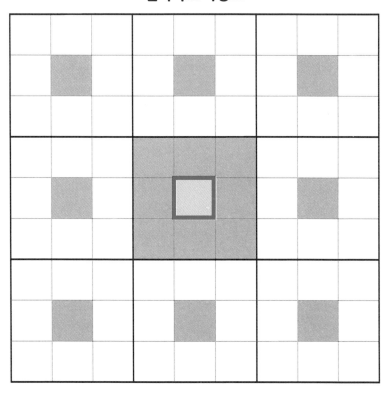

출처: 저자 제공

## 만다라트 작성법

**1.** 표의 정중앙에 핵심목표 하나를 적는다.
**2.** 핵심목표 주변에 8개의 세부목표를 적는다.
**3.** 각각의 세부목표를 다시 주변 8개 네모 칸 중앙에 나눠 적는다.
**4.** 이를 다시 세분화하여 구체적인 사항을 적는다.

# 10년 후 나는 어떤 모습일까?: 비전보드 만들기

　공전의 히트를 기록한 베스트셀러《해리 포터》시리즈를 펴낸 영국의 작가 '조앤 롤링(Joan K. Rowling)'은 어려서부터 소설가를 꿈꿨다. 20대 시절의 어느 날, 런던의 부모님 댁으로 향하는 기차에 결함이 생겼고, 4시간가량을 이름 모를 시골 한복판에 앉아 있게 되었다. 운행이 언제 재개될지 알 수 없는 상황에서 무료한 시간을 달래고자 상상에 잠겼고, 이내 그녀의 머릿속에는 '자신이 마법사라는 사실을 알지 못하고 우연히 마법사 학교에 가게 된 한 소년의 이야기'가 떠올랐다. 상상은 곧 집필로 이어졌고 1997년, 친척 집에 맡겨져 천대받던 주인공이 마법 학교에 입학하면서 마법사 세계의 영웅이 된다는 줄거리를 담은 환상소설《해리 포터》가 세상에 모습을 드러낸다.

　미국의 과학 매체 사이언스데일리 Science Daily는 '상상력은 단순한 암시적 은유 이상이다'라는 제목으로 자신들의 연구결과를 소개했다.

해당 기사에는 '상상력은 단순한 희망이나 꿈의 차원을 넘어 인간의 사고를 자극시킨다'라고 쓰여 있었다. 상상하는 것만으로 실제 어떠한 일에 임하는 사람들의 자세나 업무성취도 등이 달라질 수 있다는 것이다. '상상'은 사전적으로 '실제로 경험하지 않은 현상이나 사물에 대하여 마음속으로 그려보는 것'으로 정의되는데, 이는 목표와도 밀접한 연관이 있다. 아직 이루지 못했지만, 끊임없는 노력 끝에 목표를 달성한 자신을 떠올려본다면 그만한 즐거움도 없을 것이다.

실제로 꿈을 상상하다 보면 창의력이 높아지는 경험을 할 수 있다. 상상을 통해 현실에서 이루기 힘든 것들의 비전과 아이디어를 만들어낼 수 있고, 새로운 문제 해결 방법이나 혁신적인 사고 또한 획득할 수 있다. 즉, 상상은 우리가 달성하고자 하는 목표와 이상을 지속적으로 상기시켜 주며, 실천할 수 있는 동기를 끊임없이 제공한다는 것이다(이쯤 되면 '상상'을 인생의 동반자나 조력자라고 봐도 괜찮지 않을까?).

'상상'은 자아실현에도 긍정적인 영향을 미친다. 어려움에 직면하더라도 포기하지 않고 전진하게 하는 원동력이 되어주며, 때로는 더 좋은 기회와 결과를 가져다주기도 한다. 이러한 상상의 순기능은 다양한 연구를 통해서도 드러나는데, "나는 날마다 모든 면에서 점점 더 좋아지고 있다"라는 명언으로 유명한 '에밀 쿠에(Emile Coue)'는 현실을 움직이는 힘이라는 차원에서 상상력의 가치를 다음과 같이 분석한다.

의지와 상상력이 힘을 겨루면 이기는 쪽은 언제나 상상력이다. 가령 '레몬'을 떠올렸을 때 입안에 침이 고이는 것은, 우리의 몸이 의지와 상관없이 상상력에 의해 반응하기 때문일 것이다. 이는 '열악한 상황일수록 자기의 존재 방식을 자유롭게 상상해야 한다'는 의미로도 해석된다. 자신의 잠재력을 다면적으로 살피며 인생의 시나리오를 창안하는 과감한 용기 또한 상상력에 그 바탕을 둔다. 무엇보다 의지와 상상력이 같은 방향으로 발휘되면 그 에너지는 다섯 배, 열 배로 늘어난다.

이와 관련해 재미있는 일화 몇 가지를 소개하고자 한다. 영화배우가 되겠다는 꿈을 품고 캐나다에서 미국으로 건너간 한 무명배우가 있었다. 꿈을 이루겠다는 열정에도 불구, 현실은 냉혹하기만 했고 작품 출연은 고사하고 집도 없이 하루하루 끼니를 걱정해야 하는 비참한 날들이 계속되었다. 그러던 어느 날, 그는 문득 할리우드에서 가장 높은 언덕으로 올라가 준비해 간 수표책에 출연료 명목으로 1,000만 달러를 자신에게 지급하라고 서명했다. 지급일자는 그로부터 5년 후인 1995년. 미래의 자신에게 지불한 가짜 수표를 지갑에 넣은 후, 행복한 미래에 대한 믿음을 키워 갔다. 그리고 정확히 5년 뒤,

그의 소망은 기적처럼 이뤄졌다. 영화《덤 앤 더머》,《배트맨 포에버》 등의 인기 영화에 연이어 출연하며 1,700만 달러 이상의 출연료를 손에 쥐었고, 승승장구하며 세계적인 배우로 우뚝 설 수 있었다.

이 놀라운 사연의 주인공은 개성 넘치는 코믹연기로 우리에게도 익숙한 할리우드 스타 '짐 캐리(Jim Carrey)'다. 꿈을 이룬 자신의 미래를 꾸준히 상상하며 동기를 부여하고, 꿈을 이루고 말겠다는 열정과 노력을 거듭한 끝에 마침내 성공의 반열에 올라선 것이다.

세계 최고의 동기부여 코치로 미국인이 가장 선망하는 기업가이자 베스트셀러 작가인 '존 아사라프(John Asaraf)'의 얘기도 빼놓을 수 없다. 그는 가난한 이민자의 아들로 태어나 소매치기로 푼돈을 버는 소위 '거리의 문제아'였다. 시급제 아르바이트를 하던 중 우연히 슈퍼리치super rich들과 교류할 수 있는 기회를 얻게 됐고, 그때 부자들에게는 부자가 될 수밖에 없는 이유가 있음을 깨달았다. 그리고 잡지에 나온 으리으리한 저택의 사진을 가위로 오려 보관했다. 그 후 그는 저택을 갖게 되었을까? (갖게 되었다!) 그의 저택은 가위로 오린 저택보다 훨씬 좋은 저택이었고 훗날 자신이 그렇게 될 수 있었던, 그렇게 될 수밖에 없었던 이유를 하나의 이론으로 정리한 이른바 '끌어당김의 법칙'을 통해 많은 이들에게 귀감이 되었다.

머릿속으로도 나의 5년 후, 10년 후의 모습을 그려볼 수 있겠지만, 이를 '현실화'시키기 위해서는 짐 캐리나 존 아사라프처럼 특정 행동을 동반하는 것이 중요하다. 이제, 이미지와 사진을 콜라주 방식으로 엮어 나의 꿈과 목표, 행복의 요소 등을 확실하게 그려보는 '비전보드'를 소개하고자 한다. 목표를 구체화하고 꿈을 성취하는 데 이 비전보드가 힘을 보탤 것이다.

비전보드를 만들기에 앞서 5년 또는 10년 후 성공한 자신의 모습을 상상해 보고 인간관계, 가정, 건강, 사회, 재정, 취미, 여행 등에 대한 질문을 세분화해보자. 이어 비전보드 포맷을 결정한 후 자신에게 영감을 줄 만한 이미지를 수집하자. 이때는 전체적인 구상과 잘 맞아떨어지는 이미지를 선택해야 혼란을 방지할 수 있다. 예컨대 목표한 대학에 진학하는 것이 꿈이라면 좋아하는 계절의 캠퍼스 사진을 넣는다거나, 해당 대학교 학생들의 교내활동이 닮긴 이미지를 골라볼 수도 있다. 인터넷이나 잡지, 사진첩을 살펴보는 것도 좋고 파격적인 이미지나 엽서, 신문 자료, 라벨 등도 비전보드의 좋은 재료가 될 수 있다.

다음으로 꿈에 대한 집중을 돕기 위해 시각적 이미지뿐만 아니라 좋아하는 문구들도 함께 넣어보자. 주문처럼 계속 되새길 수 있는 긍정적인 명언들을 나열해도 좋고, 나만의 표현이나 인터넷에서 우연히 발견한 좋은 표현들도 좋다. 서점이나 도서관에서 다양한 책들의 문구들을 살펴보는 것도 내가 추천하는 방법이다. 이미지와 영감을 주는 문구들을 충분히 수집했다면 해당 자료들을 배열하는 과정이 필요하다. 인터넷에서 본 예시들을 참고해 다양한 디자인들을 시도하되, 비전보드 바탕에 특정한 색을 넣어주는 등 나만의 스타일을 창조해보는 것도 색다른 경험이 될 수 있다. 비전보드 중앙에는 자신의 사진을 붙이고, 사진 주변을 사진과 문구들로 꾸민 후 풀이나 스테이플러로 고정한다. 틈날 때마다 비전보드를 바라보며 미래의 자신을 상상해 보는 것이야말로 진정한 의미의 동기부여가 아닐까?

## 비전보드 예시

출처: 플리커

비전보드는 목표를 구체화하고 꿈을 성취할 수 있도록 도우며, 동시에 이를 실현할 수 있는 원동력을 제공한다. 물론 비전보드를 만들었다고 해서, 또는 생각을 바꾸었다고 해서 성공이 임박했다고 믿어 버리는 건 금물이다.

**"모든 인간은 자신이 생각하는 대로 된다."**

우리는 세상을 있는 그대로 보지 않고, 우리의 생각대로 본다. 또 그것이 옳든 틀리든 오직 자신의 믿음에 의해 모든 일과 방식을 결정한다. 즉 자신이 좋은 결과를 위해 생각하고 결정하고 행동했다면, 결과가 좋지 못하더라도 자신을 비난해서는 안 된다. '피겨 여왕' 김연아 선수는 1년에 9,000회를 회전하고 1,800번을 실패했다. 이러한 과정이 없었다면 김연아 선수는 세계 최고의 피겨선수가 될 수 없었을 것이다. 자신을 만드는 과정 속에서 꿈은 반드시 이루어지게 되어 있다. 당연하게도 꿈은 결코 상상만으로는 이루어지지 않는다. 이 세상에 태어난 이상 이미 꿈을 위한 레이스는 이미 시작됐다. 스스로를 격려하고 신뢰한다면 5년 후, 그리고 10년 후에는 여러분이 상상했던 그 모습이 되어 있을 것이다.

☆ Chapter 4 ☆

# 진로 전략
# 밀키트 6종

"전략은 변하지 않는 것에 기초해야 한다. 사람들은 나에게 5년 후, 10년 후 무엇이 변할 것인지는 묻지만 무엇이 변하지 않을 것인지는 묻지 않는다. 세상이 어떻게 변하더라도 고객이 원하는 가치를 제공한다면 고객은 외면하지 않는다."

글로벌 전자상거래 플랫폼 아마존닷컴 CEO '제프 베이조스(Jeff Bezos)'가 한 말이다. 급변하는 시대 상황 속에서 '전술'은 미래 흐름에 따라 적절히 바꿔나가야 하지만, '전략'은 '변하지 않는 것'을 기반으로 해야 한다. 공부 역시 마찬가지다. 사회적 변화에 따라 교육 트렌드가 시시각각 변하고 있지만, 학습자 스스로 문제를 해결하고 주어진 과제를 완수하도록 돕는 '능동적 학습전략'에는 큰 변화가 없다.

최근 국내 교육계 최대 화두로 떠오르는 '고교학점제'는 공부에 대한 전술과 전략의 차이를 명확히 드러내고 있다. 교육부는 획일적인 주입식 교육에서 벗어나 미래지향적 인재 육성을 목표로 자율성 기반의 개인 맞춤형 교육과정을 강화하겠다는 뜻을 밝히며 「2022 개정 교육과정」을 발표했고, 그중 가장 핵심적인 것이 바로 이 '고교학점제'다. 고교학점제는 대학교와 같이 학생들이 진로에 따라 다양한 과목을 선택 및 이수하고, 누적 학점이 기준에 도달할 경우 졸업을 인정받을 수 있는 제도로 2020년 마이스터고를 시작으로 특성화고, 일반고 등에 순차적으로 부분 도입한 후 2025년부터 전체 고교에 전면 시행될 예정이다.

　〈프롤로그〉를 통해 잠깐 언급한 '고교학점제'의 가장 큰 특징은 학사운영 기준이 기존 '단위'에서 '학점'으로 바뀐다는 것! 기존 204단위(교과 180단위+창의적 체험활동 24단위)였던 졸업 기준이 192학점(교과 174학점+창의적 체험활동 18학점)으로 변경된다. 3년간 총 2,560시간(1학점당 50분 수업, 16회)의 수업을 들어야 하고, 각 과목 출석률(2/3 이상)과 학업성취율(40% 이상)을 모두 충족해야 한다. 단, 최소 학업성취율(40% 이상)에 도달하지 못한 학생은 별도의 과제를 수행하거나 보충 과정을 따로 이수하는 등의 '미이수제' 운영을 통해 다시금 학점 취득의 기회를 제공하고 있다.

쉽게 말해 '고교학점제'는 기존의 주입식 교육에서 벗어나 학생들이 원하는 진로를 스스로 선택하는 '맞춤형 교육'을 표방하며, 경쟁력 있는 미래사회 인재 육성의 의지가 반영된 것이라고 볼 수 있다. 여기서 중요한 것은 '고교학점제'가 본격적으로 시행되었을 때 학습 전략의 변화를 도모할 것이 아니라 배경과 목표 등을 면밀하게 확인하고 학습 전술을 달리해야 한다는 것이다. 전략은 '변하지 않는 것에 기초해야 한다'는 제프 베이조스의 말을 실제로 적용해 볼 수 있는 지점이다.

이는 대학입시에도 많은 변화를 불러올 것으로 예상된다. 현재 대입제도는 수시와 정시로 구분되며 정시는 수학능력시험, 수시는 교과전형과 학생부전형, 논술로 이뤄지고 있다. 가장 많은 영향을 받을 것으로 보이는 교과전형의 경우 현재 42% 정도의 비율을 나타내고 있지만, 배워야 할 양이 줄어들고 선택할 수 있는 과목은 늘어나는 '고교학점제' 시행 이후에는 줄어든 교과전형 비율이 학생부종합전형에 포함될 것이라는 의견도 나오고 있다. 학생부종합전형의 경우, 정량의 교과변별력이 줄어드는 관계로 교과를 정성적으로 해석하는 폭이 증가할 것으로 예상된다. 이는 필수과목보다 선택과목의 중요성이 높아진다는 뜻으로, 수업의 형태에 따른 '교과세특' 비중 또한 강화되며 자율 활동과 동아리 활동 등의 외부활동이 교과 이수 선택과목과 어떻게 연결되어있는지에 대한 관심도 늘어날 전망이다.

이와 함께 오는 2025년 대학에 입학하는 학생은 비교과 항목인 창의적 체험활동의 중요성도 염두에 둘 필요가 있다. 융합형 인재를 중시하는 사회적 측면을 고려할 때 교과와 연계된 창의적 체험활동, 자율 활동이나 동아리 활동에 대한 선호도가 높아질 것으로 예측되기 때문이다. '고교학점제'의 핵심은 학생 스스로 자신에게 필요한 수업을 선택하고, 주도적 존재로 발전할 수 있는 토대를 제도적으로 마련하는 데 있다. 즉 '남들이 하니까' 혹은 '그렇게 해야 성공하니까' 등의 구태의연한 시각에서 벗어나 진정으로 원하는 일, 진정으로 좋아하는 일을 찾는 미래의 자양분이 될 것이다. 다음의 예를 살펴보자.

고등학교 입학을 앞두고 인문계고등학교를 선택한 한 아이와 그의 아버지가 진로상담을 신청했다. 이 아이는 중학교 시절 부모님께 자신이 하고 싶은 것에 대해 분명하게 얘기했는데, '하고 싶은 게 있으면 대학 가서 하라'는 식의 대답이 돌아왔다고 한다. 그 후 아이는 부모님의 의사에 반할 수 없어 결국 인문계고등학교를 선택하게 되었다.

진로상담을 진행하다 보면 자신의 진로를 선택하지 못한 친구들을 자주 만나게 되고, 그중에는 부모님과 갈등을 겪는 친구들이 많다. 이런 친구들 대부분은 진로 수업의 본질을 파악하지 못하고 진로 수업을 그저 학교 수업 중 하나로 여기는 경우가 많다. 앞서 말했다시

피 새롭게 도입되는 '고교학점제'는 자신의 진로 방향성을 설정하여 적성에 맞는 수업에 능동적으로 참여하는 데 의의가 있다. 결론적으로, 기초소양 및 기본학력 등을 바탕으로 과목을 선택 이수하고 이수 기준에 도달한 과목에 대해 기준 학점을 부여함으로써 학생들의 자발적인 참여가 그 어느 때보다 중요해진 것이다.

"고교학점제를 잘 이용하는 학생은 학습 결정권을 가지고 능동적인 학창 시절을 보낼 수 있기에 그 어느 때보다 만족스러운 결과를 얻으리라 생각한다. 문제는 뭘 해야 하는지 모르고 있는 학생들인데, 진로 방향성을 설정하지 못하면 시간표 자체를 짤 수가 없다. 수강과목에 대한 선택권 보장은 자신의 미래를 착실히 계획해 온 학생들에겐 축복이 되겠지만, 아무런 계획 없이 시간만 흘려보내다 고등학생이 된 학생들이나 여러 요소들에 흥미 정도만 가진 친구들은 상당히 난감할 것이다. 이것이 고교학점제의 문제점이다."

〈위드업스쿨〉 대표이자 입시 전문가인 정영은 대표의 저서 《입시를 알면 아이 공부가 쉬워진다》에서는 '고교학점제'의 본질적 특성과 함께 학생들을 위한 가이드를 제공하며 더불어 제도의 문제점들을 지적한다. "성공적인 고등학교 생활은 어떻게 해야 하는가?" 등의 질문은 다소 추상적일 수 있다는 것이다. 사실 진로라는 것이 3년이라는 시간 동안 차근차근 만들어가는 것이기 때문에 입학 전부터 확실하게 정해놓는 사례는 매우 드물고 또 그만큼 어렵다. 교과목이나 진로, 자율 및 동아리 활동 등 학교생활을 통해 배울 수 있는 부분을 넓은 시각으로 탐색하는 과정이 더욱 중요해지는 까닭이다. 진로 및 적성 탐색은 '하면 좋은 일'이 아닌 '해야 하는 일'임을 반드시 명심하자.

 **분석: 나는 무엇에 강한가?**

"A dream written down with a date becomes a goal. A goal broken down into steps becomes a plan. A plan backed by action makes your dreams come true."

"꿈을 날짜와 함께 적어 놓으면 그것은 목표가 되고, 목표를 잘게 나누면 그것은 계획이 되며, 그 계획을 실행에 옮기면 당신의 꿈이 실현되는 것이다."

샌디에이고의 광고 및 판촉 전문회사 워크스마트(Work$mart, Inc.)의 창립자 겸 베스트셀러 작가 '그레그 S. 레이드(Greg S. Reid)'가 저서 《10년 후》를 통해 한 말이다. 꿈을 가질 수 있다는 것만으로도 충분히 행복한 일이지만, 그 꿈을 현실로 만들기 위해서는 많은 노력이

수반되어야 한다. 당연한 얘기지만 레이드의 말처럼 꿈을 이루기 위해 목표를 설정하고, 계획을 수립한 후 실행에 옮기면 꿈에 한 발짝 더 다가설 수 있을 것이다. 그에 앞서 우리는 자신의 꿈이 허황된 꿈은 아닌지, 또는 자신이 좋아하고 잘할 수 있는 꿈인지 분명히 따져볼 필요가 있다. 나의 강점을 스스로 찾아가는 과정과 함께 말이다.

## 밸런스 아티스트 변남석 씨

출처: 조선일보

두바이 왕자의 초청으로 세계 최대 쇼핑몰에서 공연을 펼칠 만큼 예술가로서의 큰 족적을 남기고 있는 밸런스 아티스트 변남석 씨. 그는 돌부터 시작해 병, 마네킹, 수족관, 오토바이 등 상상할 수 없을 만큼 다양한 물건들은 세울 수 있었던 까닭으로 스스로에게 오롯이 집중하며 내면의 중심을 세웠던 나날들을 꼽는다. 변남석 씨는 어느 날 문득, '병 위에 병을 세울 수 있을까?'라는 생각을 했고 그 즉시 병 세우는 일에 집중했다. 몇 개의 병을 깨뜨렸을까…. 그는 결국 병을 세우는 데 성공하기에 이른다. 언젠가 해낼 수 있을 거라는 믿음으로 보이는 것만이 아닌 자신의 중심을 찾기 위해 노력했고, 이 믿음과 노력이 자신만의 강점을 찾아내는 원동력으로 작용한 것이다.

몇 해 전 변남석 씨는 성남의 모 초등학교에서 학생들의 집중력 향상을 위해 '중심 잡기' 수업을 진행했다. 달걀을 세울 수 있는 사람이 있냐고 묻자 아이들은 "선생님은 특별한 능력이 있지만 우리는 없어요"라며 고개를 저었다. 변남석 씨는 아이들의 반응이 어떻든 시도해보게끔 했고, 8분이 채 지나지 않아 1학년 아이 하나가 달걀을 세로로 세우는 데 성공했다. 처음부터 불가능할 거라 믿었던 고학년 학생들은 아예 시도조차 하지 않았는데, 이들 중 가장 어린 학생이 보란 듯이 달걀을 세우고 만 것이다.

이 성공은 즉시 놀라운 변화를 가져왔다. 달걀을 어떻게 세우냐며 심드렁하던 아이들이 자기보다 어린 학생이 성공하는 모습을 보며 자신도 할 수 있다는 의지를 보였고, 결국 한 사람도 빠짐없이 달걀 세우기에 성공한다(달걀은 표면이 거칠어 이를 이해하고 집중한다면 누구나 성공할 수 있다). 변남석 씨는 자신의 특별한 재능을 자랑하기 위해 어린 학생들을 찾은 것이 아니다. 언제나 불균형하고 예측하기 어려운 삶…. 변남석 씨는 그럼에도 자신 안에 잠들어 있는 숨겨진 재능을 발견하라고 말한다.

　자신만의 강점을 찾기 위해서는 기업의 경영전략 수립에 주로 사용되는 'SWOT 분석'도 도움이 될 수 있다. 'SWOT 분석'은 강점strength과 약점weakness, 기회opportunity, 위기threat의 영문 앞 글자를 딴 것으로 효과적인 기업 경영전략 수립을 위한 분석방법으로 널리 활용되고 있다. 이 분석법의 특징은 자신의 가능성과 역량을 내부 혹은 외부 요인으로 파악하여 영역별로 전략을 세운 후 프로젝트에 대한 인사이트를 갖출 수 있다는 것인데, 진로탐색의 중요성이 강조되는 청소년들에게 있어 좋아하는 일과 잘하는 일을 탐구하고, 이를 위해 자신이 버려야 할 습관과 개선점 등을 파악하는 행위는 어쩌면 성적보다 중요한 일일지도 모른다.

　무엇보다 자신의 '강점' 파악에 큰 도움이 되는데, 강점과 더불어 자신의 특기나 특수성을 발견할 수도 있다. 이를 통해 자신감과 학습 동기를 높일 수 있는 것은 물론 자신만의 독특한 존재감을 찾는 데에도 큰 효과를 볼 수 있다. 좋아하는 일 혹은 잘하는 일을 중심으로 진로 탐색을 하다 보면 으레 자신의 관심과 가치에 대해 좀 더 깊이 고민하게 되고 정체성을 명확히 다지는 계기가 마련된다. 자신의 인생을 주도적으로 설계하고 앞으로 나아갈 방향을 올바르게 설정한

다른 위대한 사람들처럼 말이다. 이를 바탕으로 수립된 진로계획은 잘하는 일에 더욱 힘을 실어주면서 자신의 전반적인 발전에 매우 긍정적인 영향을 미친다. 거기다 꾸준한 노력과 전문성까지 함께 구축된다면 성공적인 미래가 이미 확보되어 있다고 봐도 무방할 것이다.

| 내부요인 / 외부요인 | 강점 (Strength) | 약점 (Weakness) |
|---|---|---|
| | 문제 또는 상황에서 잘할 수 있는 것, 잘하고 있는 것 | 문제 또는 상황에서 내가 약한 부분, 극복해야할 부분 |
| **기회 (Opportunity)** | **SO전략** | **WO전략** |
| 외부에서 찾아올 수 있는, 이용해야할, 도움이되거나 개선될 수 있는 상황 또는 사람 | 강점을 살려 기회를 잡는 전략 | 약점을 보완하여 기회를 잡는 전략 |
| **위기 (Threat)** | **ST전략** | **WT전략** |
| 외부에서 찾아올 수 있는 회피해야 할, 불리하게 방해가 되는 상황이나 사람 | 강점을 살려 위기를 극복하는 전략 | 약점을 보완하여 위기를 돌파하는 전략 |

출처: 저자 제공

| 내부요인 / 외부요인 | 강점 (Strength) 꼼꼼하고 실리적이다. 성취하려는 노력을 한다. 긍정적으로 사고한다. 경쟁심이 있다. 맡은 일은 최선을 다하려고 한다. | 약점 (Weakness) 관계성이 약하다. 전공자격증이 없다. 우유부단하다. 생각이 많다. 게으르다. |
|---|---|---|
| 기회 (Opportunity) | SO전략 | WO전략 |
| 진로목표가 있다. 경쟁률이 적다. 자격증취득하면 유리하다. 선배들이 많다. | 성취하려는 노력으로 집중해서 성과를 낼 수 있다. 꼼꼼한 성격으로 전공분야가 잘 맞다. 경쟁률이 낮은 편으로 취업에 유리하다. | 올해 2회 자격증취득시험에 도전해서 자격증을 취득한다. |
| 위기 (Threat) | ST전략 | WT전략 |
| 자격증취득을 하지 못하고 있다. 경기가 좋지않다. 원하는 곳에 취업할 가능성이 낮다. | 경쟁심을 발휘하여 최선의 노력을 한다. 긍정적으로 사고하여 부담감을 해소한다. | 졸업 전에 취업을 못하면 좋은 기회가 없으므로 취업에 필요한 조건을 갖추고 최선을 다한다. |

출처: 저자 제공

| 내부요인 / 외부요인 | 강점 (Strength) 집중력이 좋다. 일처리할 때 꼼꼼하다. 다른 사람들에게 배려를 잘한다. 사람들의 반응을 쉽게 알아차린다. | 약점 (Weakness) 다른사람말에 쉽게 상처받는다. 추진력이 부족하다. 의존적이다. 모르는 것이 있으면 불안감이 크다. |
|---|---|---|
| 기회 (Opportunity) | SO전략 | WO전략 |
| 격려해주는 사람들이 많다. 부모님의 지원이 있다. 원하는 것을 할 수 있는 환경이다. | 집중력을 발휘해서 원하는 해결책을 찾을 수 있다. 부모님과의 대화로 다양한 체험 활동에 참여한다. | 답답한 마음을 주위사람들에게 솔직하게 얘기하고 지원을 받는다. 도움을 요청한다. |
| 위기 (Threat) | ST전략 | WT전략 |
| 스마트폰을 자주본다. 친구들과 어울리는 시간이 많다. 정보가 많지않다. | 친구들에게 미리 양해를 구하고 학습스케줄을 맞춘다. 학습시간과 스마트폰보는 시간을 분리한다. | 학습시간을 늘려서 개인적인 시간을 줄인다. 행동을 할 때 도움이 되는지 한번 더 생각한다. |

출처: 저자 제공

'SWOT 분석'을 통한 탐색은 청소년들이 자신의 잠재력을 발견하고 성공적인 진로를 설계하는 데 매우 유용하다고 볼 수 있다. 자신의 강점을 제대로 인식해야 이를 바탕으로 목표를 정확하게 설정할 수 있기 때문이다. 성장 역시 이때 이루어진다. 중요한 것은 'SWOT 분석'은 분석 자체로만 끝나는 게 아니라 이를 활용해 효율적인 전략을 도출할 수 있다는 것! 외부환경의 기회를 활용하기 위해 강점을 사용하는 SO전략(기회 활용), 외부환경의 위협을 회피하기 위해 강점을 사용하는 ST전략(위협 회피), 자신의 약점을 극복함으로써 외부환경의 기회를 활용하는 WO전략(약점 극복), 외부환경의 위협을 회피하고 자신의 약점을 최소화하기 위한 WT전략(약점 축소) 등을 통해 목표를 가진 개개인이 저마다의 성장계획을 슬기롭게 개선해 나갈 수 있을 것이다.

　강점은 곧 경쟁력이다. 이는 하루아침에 뚝딱 만들어지는 것이 아니라 그만큼의 수고와 노력, 그리고 시간이 필요하다. 재능이 없는데 노력만 하고 있다면 엉뚱한 땅을 파고 있는 것일 테고, 재능은 있는데 노력하지 않으면 구체적인 결과를 손에 쥐지 못할 것이다.

　청소년기는 자기 발견과 진로 탐색을 통해 자신이 미래를 결정지어야 하는 매우 중요한 시기이며, 이때 자신을 분석하고 강점을 찾지 못한다면 인식 개선, 목표 설정, 동기부여, 성장 기회 등을 놓치게 된다. 결국, 자신의 강점을 스스로 발견하고 그것을 바탕으로 꾸준히 노력해야 성공적인 진로를 향해 나아갈 수 있다는 얘기다. 프랑스의 세계적인 소설가 '생텍쥐페리(Antoine de Saint Exupéry)'는 대표 저서 《어린 왕자》를 통해 "자신의 진실한 가치를 발견하면 삶은 전보다 의미 있고 풍요로워진다"라고 말했다. 여기서 말하는 '진실한 가치'는 자신의 '강점'으로 바꿔 읽을 수 있다. 나아가 작고 보잘것없는 장점이나 성취 역시 무한한 가능성을 품고 있으며 그것들을 통해 삶의 다양한 이유가 발생한다고도 볼 수 있다.

《어린 왕자》를 통해 우리는 '강점을 발견하는 일'이 얼마나 중요하고 의미 있는 일인지 알 수 있다. 우리는 이러한 방법론들을 꾸준히 찾아 나서야 하는데, 강점을 찾는 과정이 말처럼 쉽지는 않을 것이다. 잘하면서도 잘하는 건지 모를 수 있고, 못하면서도 못하는 건지 모를 수 있기 때문이다. 그렇기에 끊임없는 탐구는 필수다. 자기분석은 '나'를 객관적으로 바라보게 하고, 그에 따라 설정된 진로는 아무도 건드릴 수 없을 만큼 견고해질 것이다. 나를 모르고, 나의 강점을 찾지 못하면 결코 성공할 수 없음을 항상 기억하자.

## 의욕 : 학습 동기

| 나의 공부 점수는? | | | | | | | | | |
|---|---|---|---|---|---|---|---|---|---|
| 1 | 2 | 3 | 4 | 5 | 6 | 7 | 8 | 9 | 10 |

'10'에 자신 있게 체크할 수 있으면 너무 좋겠지만, 현실적으로 그럴 수 있는 학생들은 많지 않을 것이다. 그렇다면, '공부를 잘한다'는 건 대체 무엇일까?

다소 주관적인 질문일 수도 있는데 이에 대한 답은 생각보다 객관적이다. 물론 사람마다 좋아하는 것이 다르고 잘하는 것이 다르겠지만 학교라는 곳에서 교육받을 권리가 있는 국내 교육환경의 특성을 고려했을 때, 공부를 잘한다는 기준은 '성적'으로 국한된다(학교 수업 외에도 과외나 학원 등 사교육이 성적 향상에 영향을 주는 것이 사실이기에 같은 교실에서 같은 교과서, 같은 선생님들로부터 교육을 받는다는 것을 전

162

제로 했을 때). 그런데도 성적의 차이, 즉 공부를 잘하는 학생과 못하는 학생이 나뉘는 이유가 무엇일까?

학생 개개인이 공부를 대하는 태도나 집중력, 의지, 주변 환경 등 다양한 이유를 들 수 있을 것인데, 일부 학자들은 심리적인 요인에서도 이 같은 이유를 발견할 수 있다고 주장한다. 정주영 작가는 저서 《하버드 상위 1퍼센트의 비밀》을 통해 전 세계 최고의 수재들이 모여 있는 하버드에서 찾은 가장 강력한 성공 중 하나를 'Black Diamond = Block(차단) × Deep(깊은 이해)', 즉 신호의 차단과 깊은 몰입이라고 밝혔다. 여기서 말하는 'Black Diamond'는 똑같은 수업을 들으면서도 자신들은 다른 하버드생들과 다르다며 선을 긋는 집단으로, 하버드에서 가장 폐쇄적인 투자자 집단으로 손꼽는다. 입학한 순간부터 학교공부에만 매진하지 않고 다양한 투자 활동을 통해 제2의 워런 버핏을 꿈꾸며, 졸업 후 화려한 성공 가도를 달리는 이들이 특히 많다.

이들은 평범한 삶을 유도하는 '신호'를 거부하고, 남들과 다르다는 신념 아래 자신들이 원하는 분야에 깊이 몰입하는 특성이 있다. 스스로를 평범하게 만드는 신호, 두려움을 만드는 신호, 부정적 신호를 차단하고, 목표에 온전히 집중한다면 반드시 변화가 일어난다고 믿는 것이다. 우리가 꿈꾸는 것의 가장 '본질'에 다가섰을 때 우리는 비로소 그 힘을 얻을 수 있다.

어릴 때부터 '공부 잘하는구나!', '너는 참 재능이 많은 아이야', '똑똑하고 영리해' 등의 이야기를 자주 들어온 학생은 스스로 특별한 사람이라고 여기게 된다. 그런 학생들은 주변의 신뢰에 부응이라도 하듯 더 열심히 도전하고 노력한다. 이를 통해 좋은 성적을 거둘 수 있고, 좋은 대학으로 진학하는 과정이 이어지며, 자신이 특별하다는 믿음을 나날이 키워가게 되는 것이다. 반면 낮은 점수가 고민인 학생은 부정적인 평가를 받기 일쑤다. '너는 이 분야에 대해서는 재능이 없는 것 같구나', '수학하고는 거리가 먼 것 같아' 등의 말 때문에 자신에 대해 잘못된 믿음을 갖게 된다거나, 자신을 부족한 사람으로 여기게 된다.

눈여겨볼 것은 두 유형의 학생 모두 자신이 받는 신호를 따라가게 된다는 점이다. 우리 모두에게는 각기 다른 재능이 있고, 그 재능은 단순히 시험 몇 문제만 가지고는 판단할 수 없다. 또한 표준화된 시험으로 각자의 재능을 측정할 수 없는 것처럼, 우리의 재능은 좋은 신호를 머금었을 때 더욱 큰 효과를 불러온다.

이와 관련해 심리학 교수 '로버트 로즌솔(Robert Rosenthal)'은 한 가지 상징적인 실험을 진행했다. 샌프란시스코의 한 학급에서 학생

20%를 무작위로 뽑은 후, 그들이 지능지수가 높은 학생이라는 점을 강조하며 명단을 교사에게 전달한다. 교사는 놀라워하며 해당 명단에 있는 학생들을 다르게 대하기 시작했고, 8개월 뒤 명단에 있는 학생들의 평균 성적이 월등히 높아졌음을 확인할 수 있었다. 학생들이 받은 긍정적인 신호가 성적에까지 영향을 준 것이다.

여기서 우리는 공부를 해야 하는 이유, 즉 '학습 동기'에 주목할 필요가 있다. 학습 동기란 개인이 학습활동에 참여하는 '원동력'을 말하며, 이는 학습에 관심과 열정을 갖고 목표달성을 위해 노력하는 것과도 궤를 같이 한다. 학습 동기는 다시 '내적 동기'와 '외적 동기'로 구분되는데 내적 동기는 자발적인 학습 추구와 즐김을, 외적 동기는 외부로부터의 보상이나 인센티브, 경쟁에 따른 성취 등을 포함한다. 가령 성적 향상이나 상장, 주위로부터의 인정 등을 꼽을 수 있다.

이러한 학습 동기는 개인의 학습 태도와 성과에도 큰 영향을 미친다. 높은 학습 동기를 가진 사람은 어려움을 극복하고, 지속적인 발전과 성취를 이룰 가능성이 크다. 학습 동기를 증진시키기 위해서는 자기효능감, 목표 설정, 흥미로운 환경 조성 등도 중요한 역할을 한다. '달성 경험'을 '성공 경험'으로 발전시키기 위해서는 전 과목 1등, 전교 1등 같은 추상적인 목표보다 단일 과목 중심으로 단계적으로 밟아나가는 등의 구체적인 목표 설정이 필요하다.

스탠포드대 심리학과 교수 '캐롤 드웩(Carol Dweck)'은 성장 마인드 셋Growth Mindset과 고정 마인드셋Fixed Mindset에 대한 연구를 통해 이 차이가 개인의 학습과 성과에 어떤 영향을 미치는지 밝혀냈다. 드웩 교수는 학습자들에게 동일한 과제를 내주고 이를 해결하도록 유도하였고, 성장 마인드셋을 가진 학습자들이 고정 마인드셋을 가진 학습자들보다 실패 극복에 능하며 배움을 추구하는 욕망이 크다는 것을 확인했다. 이러한 연구 결과는 학습 태도의 차이로 이어졌으며, 노력과 성취에 있어서도 이 두 부류는 확연한 차이를 보였다.

학습 동기를 일으키기 위해서는 '학습 기대'를 가지는 것이 중요하다. 공부를 해야 하는 궁극적인 이유, 꿈을 이루기 위해 어디까지 올라갈 것인지 생각해보고 이를 실현하기 위한 학습 목표를 세워보는 것이다. 꿈을 날짜와 함께 적어놓으면 목표가 되고, 목표를 잘게 나누면 계획이 되는 것처럼 말이다. 이를 위해 경영 컨설턴트 '조지 도란(George T. Doran)'이 고안한 'S.M.A.R.T' 목표 설정 기법을 살펴보도록 하자. 이는 꿈에 대한 확신을 갖고 구체적인 목표를 이루기 위한 기법으로, '명확한 Specific', '측정 가능한 Measurable', '성취 가능한 Achievable', '현실적인 Realist', '기한이 있는 Time-bound'의 영문 앞 글자를 따왔다.

- **S** Specific 구체적이어야 한다.
- **M** Measurable 목표를 달성했는지 측정 가능해야 한다.
- **A** Achievable 성취 가능해야 한다.
- **R** Relevant 목표가 꿈과 관련이 있어야 한다.
- **T** Time-bound 언제까지 할 것인지 시간을 정해야 한다.

이 기법은 우선 자신의 목표를 구체적으로 명확하게 말할 수 있어야 하며, 목표달성을 측정할 수 있는 '기준'이 제시되어야 한다. 이때의 목표는 노력했을 때 달성 가능한 영역이어야 하며, 나의 상황을 고려한 '현실적인 목표'여야 한다. 아울러 스스로 마감 기한을 설정하고, 목표달성을 위해 끊임없이 노력해야 한다.

기말고사에 이 기법을 대입해보자. 가령 중간고사 때보다 전교 등수 10등을 올리겠다는 '명확한 목표'를 가지고 국어 10점, 수학 5점, 영어 10점을 올리겠다는 '측정 가능한 계획'을 수립해볼 수 있다. 가장 어려워하는 과목이 수학이므로 10점 이상 올리는 건 어려울 것 같지만, 반드시 1문제를 더 맞혀 80점을 받겠다는 '성취 가능한' 목표를 세워, 이를 위해 하루 자습 시간을 1시간씩 갖되 가족 행사가 많은 주말 등을 감안, 주 6일을 기준으로 공부하겠다는 '현실적인' 계획을 세우는 것이다. 거거다 기말고사 3주 전까지는 교과서를, 2주 전까지는 참고서를, 1주 전까지는 오답 노트를 만들고, 마지막 7일은 복습에 매진하겠다는 '기한'을 둔다. 이렇게 자신의 상황에 따른 'S.M.A.R.T' 목표 설정을 한다면 이전과는 분명히 달라진 자신의 모습을 발견할 수 있을 것이다. 다음의 예시를 함께 보자.

---

**나는 이번 환경개선 프로젝트에서 친구 3명과 함께 2주간의 팀 활동 계획표를 만들어 5월20일까지 새로운 아이디어를 제안할 것이다.**

이 목표가 SMART인 이유: 구체적(환경개선 프로젝트)이면서 측정 (새로운 아이디어 제안)이 가능하고, 달성 가능한 현실적인 계획 (친구 3명과 함께 2주간의 팀 활동)이며, 기한(5월 20일)이 정해져 있다.

---

**나는 이번 방학에 매일 1시간 달리기와 2,000kcal 이하의 식사량으로 체중감량 3kg에 도전할 것이다.**

이 목표가 SMART인 이유: 구체적(이번 방학)이면서 측정(매일 1시간 달리기, 하루 2,000kcal 이하 식사량)이 가능하고, 달성 가능한 현실적인 계획(체중감량 3kg)이며, 기한(방학 동안)이 정해져 있다.

---

**나는 이번 학기 영어 수행평가에서 제시되는 문장을 하루 10개씩 10일간 외워 90점을 받겠다.**

이 목표가 SMART인 이유: 구체적(영어 수행평가)이면서, 측정(하루 10개)이 가능하고, 달성 가능한 현실적인 계획 (10일간 100문장)이며, 기한(이번 학기)이 정해져 있다.

처음 이와 같은 목표를 설정하려 하면 부족한 부분이 눈에 띌 수밖에 없고, 이대로 실천하기 망설여지는 것도 사실이다. 중간에 포기하지 않기 위해서는 목표를 세울 때 느긋한 마음으로 시간을 두어 생각하고, 목표를 작은 덩어리로 나눠 작은 파트부터 시작할 것을 권장한다. 더불어 친구들이나 가족에게 나의 계획을 공유해 지지를 얻는다거나 진행 상황에 따라 성과율을 표시해 스스로를 독려하며 성취감을 느끼는 것도 도움이 될 수 있다.

20세기 최고의 농구 감독 '존 우든(John Wooden)'은 UCLA를 NCAA(국립농구선수권대회) 10회 우승으로 이끈, 농구 역사상 가장 성공한 감독 중 한 명으로 손꼽힌다. 탁월한 리더십과 체계적인 교육 방식으로 유명했던 우든은 '우든의 기본적인 사실'이라고 일컫는 15가지의 핵심가치를 강조했으며, 승률 81.5%라는 전무후무한 기록을 세운 후 그 비결을 담은 저서 《88연승의 비밀》을 통해 다음과 같이 말했다.

"성공은 개인이 최선을 다해 노력하고, 자신이 가진 잠재력을 최대한 발휘하는 것. 즉 결과보다는 노력을 통한 개인적인 성장에 집중하는 것이 중요하다. 성공은 훈련, 노력, 그리고 열정을 통해 얻어지는 것이며, 지금 공부하는 것은 당신의 미래에 대한 아낌없는 투자다."

거듭 말하지만, 우리는 저마다의 가능성을 품고 있고 그 가능성은 실로 무한하다. 이 가능성에 힘입어 원하는 것에 집중할 수 있고 목표를 이루어 나갈 수도 있다. 이제, 자신이 어떤 능력을 가지고 있는지 또 어떤 면에서 뛰어난지 인식하고 스스로에게 동기를 부여해보자. '내'가 '나'이기에 가능한 그 모든 것들을 통해서 말이다.

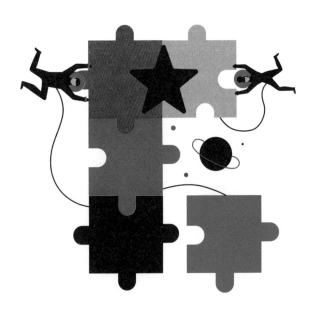

# 감정 : 부정 속의 긍정

학업에 대한 압박은 학생들이 겪는 불안의 주원인이다. 지난해 교육 시민단체 '사교육걱정없는세상(사교육걱정)'과 더불어민주당 유기홍 의원이 전국 학생 5,176명과 학부모 1,859명을 대상으로 '경쟁교육 고통 지표 설문조사'를 진행했다. 그 결과 절반 이상인 53.3%가 '학업과 성적에 대한 스트레스를 받는다'라고 답했다. 학교급별로는 초등학교 6학년이 27.4%, 중학교 3학년이 50.4%, 일반고 3학년이 63%로 학업 스트레스가 높게 나타났으며, 영재학교·특목고 및 자율형 사립고(자사고)에 재학 중인 3학년 학생들은 무려 72.4%가 학업 스트레스를 받는 것으로 집계됐다.

특히 '극심한 스트레스를 받고 있다'고 응답한 학생의 비율도 일반고 3학년 27.5%, 영재학교·특목고 및 자율형 사립고(자사고) 3학년 34.7%로 높은 비율을 기록했다. 학업이나 성적에 대해 스트레스를 받는 가장 큰 이유는 '스스로에 대한 실망과 자신감 상실'이었고 이는 무려 70%를 차지했다. '상급학교 입시의 부담', '대학의 서열화' 등이 차례로 뒤를 이었다. 이와 함께 응답자의 47.3%가 학업이나 성적 때문에 불안하고 우울했던 경험이 있다고 말했으며, 이 중 25.9%는 자해와 자살이라는 극단적 선택을 생각한 적도 있다고 말해 충격을 주었다.

고학년이 되면 한 번쯤은 미래에 대한 불안감에 압도당하는 경험을 한다. 민석이는 1학년 때와 다르게 공부에 흥미가 없고, 공부를 왜 해야 하는지도 잘 모르겠다고 말했다. 반복되는 일상이 지겨운 탓인지 시험 기간만 되면 예민해지고 공부에 통 집중하지도 못한다고 했다. 주경이는 중간고사 성적이 좋지 않아 기말고사를 앞두고 초조한 기색이 역력했다. 중간고사 때 잘못 읽은 지문 때문에 2등급이 떨어졌으니, 어느 정도는 이해가 갔다. 기말고사에서는 실수하지 말아야지 생각하면서도 불안함을 감추지 못했다. 명재는 고등학교에 입학한 후로 자신감을 잃었다. 중학교 때는 성적이 상위권이었는데, 고등학교 1학년 첫 중간고사를 치르고 큰 충격을 받았다. 그 후 기말고사 준비를 열심히 했지만 성적은 오르지 않았고, '이게 나의 한계구나' 하며 자책했다고 한다.

불안의 정도가 심해지면 자괴감에 빠지기 쉽다. 시험을 준비하는 과정에서의 노력과는 상관없이 이 불안함은 학습효과를 저해하고 의욕과 사기를 떨어뜨린다. 그렇다면 이 불안한 감정이 꼭 나쁘기만 한 것일까? 가령 우리나라를 대표하는 국가대표 운동선수들을 올림픽 등 국제대회에 출전해 좋은 성적을 내야 한다는 생각 때문에 늘 부담이 되고 불안할 것이다. 동시에 그러한 부담과 불안 속에서도 좋은 성적을 얻기 위해 최선을 다할 것이다. 이상우 스포츠심리학 박사는 스포츠선수들이 불안을 통제하고 긍정적으로 해석하는 능력을 기른다면 최고의 퍼포먼스를 발휘하게 된다고 말한다. 다음 주에 반대항 축구 시합이 있다고 생각해보자. 상대편 아이들이 만만치 않은 실력의 소유자라면 어떠한가? '이길 수 있을까?'라는 의심도 잠시, 도전의식과 함께 상대 선수들의 특성을 분석하면서 이기기 위한 전략을 세울 것이다. 학업이나 시험에 대한 불안감도 마찬가지다.

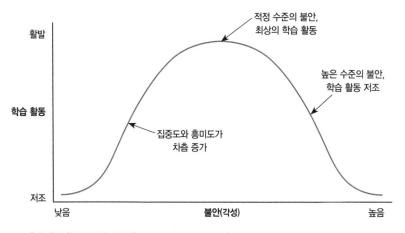

출처: 학습활동과 불안의 관계(Mandler & Sarason, 1952)

20세기 중반 인지 혁명을 이끈 '맨들러(Mandler)'와 '사라손(Sarason)'은 '적절한 불안은 학업성취에 좋은 영향을 주고 학습 동기를 유발하지만 지나친 불안 또는 불안을 아예 느끼지 못하는 경우, 그것이 학업성취에 부정적으로 작용할 가능성이 크다'라고 말했다. 불안의 정도가 적절할 때 도전의식이 생기고 계획을 세우게 되며, 나아가 문제의 원인을 찾을 수 있다는 것이다. 더불어 노력의 정도, 학습방법, 성취감을 느꼈던 경험들, 친구들과 선생님, 부모님의 지원요청 등의 방안을 스스로 마련하게 된다.

시험 불안감의 정도가 높으면 그때부터는 시험과 무관한 것들이 신경 쓰이기 시작한다. 고민의 시간이 필요 이상으로 길어지고, 부모님의 관심을 가시 돋친 말로 받아치게 되고, 반복해도 집중이 안 되어 학습력은 점점 떨어지고… 그러다 보면 시험 기간엔 벼락치기로 공부하기 일쑤고 공부에 흥미가 점차 떨어지면서 학교생활에 부정적 태도를 보이게 된다. 불안은 없앨 수 없다. '불안'은 우리가 숨 쉬는 것만큼이나 자연스러운 감정이다. 이 '불안'은 긍정적 요인으로 작용할 수도 있고 때로는 강력한 동기가 되기도 한다. 무언가를 잘하고 싶은 마음도 어쩌면 '불안'에서 비롯된 마음일지도 모른다.

다행인 것은 자신이 불안을 느끼는 이유를 스스로 알 수 있다는 것이고, 이를 대비하기 위해서는 구체적인 방법이 또한 필요하다. 요지는 관점인데, 어려운 수학 문제를 풀었을 때를 떠올려 보자.

"우연일 거야."    "결국 해냈어!"

여러분은 ⓐ와 ⓑ 중 어느 관점에 서 있는 사람인가? 문제 풀이를 할 때, 영어단어를 짧은 시간 안에 암기할 때, 계획한 학습량을 끝냈을 때, 자신에게 긍정적인 시그널을 보내자. 문제 풀이를 하고 나서 '오늘은 꽤 집중이 잘 되네, 좋았어!', 영어단어를 짧은 시간 안에 암기할 때 '나도 할 수 있네', 계획한 학습량을 끝내고 '멋진 하루였어!'라고 말이다. 별거 아닌 것 같지만 스스로 인정하는 말 한마디는 생각보다 그 영향력이 크다.

마치지 못한 일을 마음속에서 쉽게 지우지 못하는 자이가르닉 효과Zeigarnik effect에 대해 들어본 사람이 있을 것이다. 가령 4번 문제가 어려워 풀지 못한 채 5번 문제를 푼다고 했을 때, 풀지 못한 4번 문제 때문에 5번 문제에 집중하지 못하게 되고, 이 같은 상황이 반복되면서 아는 문제 앞에서도 실수하게 된다는 것이다. 당연한 얘기지만, 문항의 순서가 반드시 풀이 순서가 되는 건 아니다. 난이도 있는 문제라고 판단되면 쉬운 문제부터 풀어나가면 된다. 이렇듯 유연한 대처와 전략은 우리를 불안으로부터 분리해 줄 수 있다.

일상에서 좋은 일만 일어나지 않는다는 사실을 우리는 잘 알고 있지만, 결과를 받아들이는 것에는 그리 익숙하지 않다. 원하는 결과를 얻지 못하면 심리적 좌절을 또다시 겪게 되는데 감정 상태의 분별력을 키우려면 경험을 떠올릴 필요가 있다. 2학년 1학기 중간고사 점수가 1학년 때보다 더 떨어졌던 시기라고 가정해보자. 기대만큼 결과가 좋지 않을 때는 응당 자괴감이 들 것인데 이때 느꼈던 감정을 다시 상기시키는 거다. 우울함, 죄책감 등 자신만이 느끼는 감정 말이다. 이런 감정 상태에 놓여 있다면 그다음 행동은 무엇일까?

이제는 좀 더 합리적으로 사고해 보자. 노력했고, 결과는 좋지 않았다. 그렇다면 이렇게 자문해볼 수 있다. '학습방법이 좋지 않았나?', '점수를 높이려면 어떻게 해야 할까?' 불안한 감정이 올라올 때도 합리적인 사고는 얼마든 할 수 있다.

**'지금 이 불안한 감정이 나에게 유익한가?'**
**'내가 느끼는 부정적인 마음이 나를 위한 것인가?'**

과테말라에는 밤에 악몽을 꾸거나 겁에 질린 아이에게 자기 전 인형을 안겨주는 풍습이 있다. 그러면 아이들은 인형을 베개 아래에 두고, 두려움이 말끔히 사라진 채로 아침을 맞이하게 된다. '걱정 인형Worry Dolls'으로 불리는 이 풍습의 정확한 기원은 알 수 없지만, 걱정 인형이 걱정을 대신 가져가 평온한 밤을 보낼 수 있다고 믿는 것이다 (원래 겁이 많은 아이들을 달래기 위해 만든 풍습이지만 어른들도 많이 사용한다). 보통 6개의 인형을 박스나 옷장에 함께 보관하며 하루 하나의 인형을 쓰면 나머지가 쉴 수 있도록 한다. 다음은 인형을 효과적으로 다루는 일종의 매뉴얼인데, 필요하다면 참고하길 바란다.

**첫째,** 잠들기 직전 본인의 고민이나 해결하고 싶은 문제에 집중할 것
**둘째,** 인형에게 그 고민들이 '없어졌으면 좋겠다'라고 말할 것
**셋째,** 인형을 베개 아래에 둘 것
**넷째,** 고민으로 인해 다치지 않도록 인형을 여러 번 쓰다듬을 것

# 과테말라의 걱정 인형

출처: 핀터레스트

**"걱정 없는 삶은 가능하지 않다. 그러나 걱정을 통제할 수는 있다."**

심리적, 영적 문제를 다루는 미국의 대표적인 형이상학 강사이자 베스트셀러 작가 '루이스 L. 헤이(Louise L. Hay)'가 한 말이다. 삶에서 걱정이란 존재를 완전히 지우기는 어렵지만, 그것을 통제하고 긍정적인 마인드 셋을 유지할 수가 있다는 것이다. 그러므로 우리는 걱정에 너무 매몰될 필요가 없다.

아직 이렇다 할 대안이 없다면, 불안한 감정을 다스리는 자신만의 방법에 걱정 인형 하나쯤 추가해 보는 건 어떨까? 어디까지나 재미의 요소이겠지만, 심리적 불안함을 따뜻하게 감싸줄 것임에는 분명하다.

# 접근: 내게 맞는 공부법을 찾아라

**"어떻게 하면 공부를 잘할 수 있나요?"**

거의 모든 선생님이 학생들로부터 이 같은 질문을 받아보았을 것이다. 집중력, 예습과 복습, 구체적인 목표, 시간 관리 등 공부를 잘하는 비결은 끊임없이 제시되고 있지만, 일등과 꼴찌는 여전히 존재한다. 같은 교실에서, 같은 선생님께, 같은 교과서로 공부하는데도 말이다. 차분하고 집중력이 높은 학생은 한자리에서 오랫동안 책을 들여다볼 수 있을 것이고, 산만하고 주의력이 없는 학생은 30분도 채 앉아 있지 못할 것이다. 공부에 앞서 자신의 성향과 스타일을 먼저 파악해야 하는 까닭이다.

이를 위해서는 가장 먼저 자신이 최대 몇 시간 동안 한자리에 앉아 공부할 수 있는지 관찰해볼 필요가 있다. 개인의 성향과 습관을 파악하는 것으로, 추구하는 공부 방식이나 성향, 습관 등을 점검하고 이를 바탕으로 효율적인 전략을 세우는 것이다. 집중력이 부족하다면 공부시간을 세분화한 후, 정해진 시간 동안 바짝 집중해서 공부하는 것이 효과적이다. 동시에 자신의 공부 스타일을 파악하지 못하게 하는 장애 요소도 알아보아야 한다. 가령 학교 수업 외에 과외나 학원수업 등에 지나치게 의존한다면 자신의 성향과 습관을 제대로 파악하지 못할 가능성이 있으며, 이는 주도적 학습력을 떨어뜨리는 근본적인 원인으로도 작용할 수 있다.

스타일 파악에 혼란을 겪거나 주도적인 학습 훈련이 필요하다고 판단되면 학원수업과 자기주도 학습을 병행하는 것이 좋다. 약점의 보완을 위해 학원수업을 전략적으로 활용하면 자신에게 어떤 미흡한 점이 있는지 혹은 보강해야 하는 것은 무엇인지 알 수 있고, 이를 통해 눈부신 성장을 이끌어 낼 수 있다. 실제로 몇몇 학생들은 중학교 때부터 다년간 학원에 다니고 있으며, 학원수업에 익숙해진 학생들은 학원을 가지 않으면 불안함을 느끼기도 한다. 대부분의 학원에서는 학교 시험의 출제유형을 미리 확보하고 있는데, 이는 어려운 문제를 쉽게 해결해 주고, 가로질러 가는 방법을 알려주는 것이기에 여기서 위안을 받고 있다면 조심할 필요가 있다. 무릇 공부란 스스로 생각하고 하나하나 터득해 나가야 하는 것이기 때문이다.

성적이 우수한 학생은 자신의 실력을 정확히 판단할 수 있다. 공부를 잘하고자 하는 학습 동기가 높고, 목표를 이루기 위한 실행력도 뛰어나다. 이런 학생들은 얼마큼 공부할 것인지 구체적인 계획을 세운다. 공부량을 설정하면 그에 알맞은 공부 전략을 세울 수 있고, 그에 따른 성취감도 자연스레 올라간다. 고학년이 될수록 자신에게 적합한 공부법이 중요해지는 이유도 여기에 있다.

흥미로운 것은 별다른 노력을 하지 않아도 성적이 잘 나온다는 학생들이 있다는 사실! 이런 학생들은 공부를 잘하고 싶은 욕심도 별로 없고, 왜 공부를 해야 하는지도 잘 모른다. 이럴 때는 구체적인 학습 목표 수립과 적극적인 실천 의지를 키우는 게 중요하다. 구체적으로는 효율적인 시간 관리가 필요하다는 것인데, 시간의 관리는 효과적인 공부를 위한 핵심 요소로 공부할 시간을 충분히 확보하고, 스케줄을 꾸준히 유지하는 데 상당한 도움을 준다. 힘보다 집중력을 요구하는 세트 운동법과 마찬가지로 학습력도 이와 같은 훈련을 통해 얼마든 단련할 수 있다.

| 자투리 시간 목록 | 시간 | 공부 내용 |
|---|---|---|
| 등교 시간 | 30분 | 영어 듣기, 단어 외우기 |
| 쉬는 시간 | 60분 | 수학 문제 풀이, 개념 복습 |
| 점심시간 | 20분 | 한자 암기, 운동 |
| 방과후 시간 | 60분 | 인터넷 강의 시청 |
| 학원 이동 시간 | 30분 | 영어 듣기, 수학 공식 외우기 |
| 저녁 시간 | 60분 | 복습, 정리, 독서하기 |

여의치 않다면 자투리 시간을 활용하는 방법도 있다. '10분의 자투리 시간을 잘 쓴다면, 10시간을 쓸 줄 알게 된다'라는 말처럼, 등하굣길이나 쉬는 시간, 청소 시간, 약속 기다리는 시간, 대중교통 이용 시간 등을 그냥 흘려보내지 않고 잘 활용한다면 엄청난 집중력의 '덕'을 볼 수도 있다.

그렇다면 자신에게 적합한 공부법을 찾은 후 목표를 이루기 위해 노력하는 이들의 실제 모습은 어떨까? 두 가지 사례를 통해 살펴보자.

## 🧑 사례 1

올해 고등학교 2학년이 되는 창희는 차분하게 진로 상담을 받고 있었다. 대화를 이어가며 1학년 때 어떻게 학습했고 어떤 과목이 재밌었는지 질문하자 잠시 고민하더니 낮은 어조로 "특별히 기억나거나 재미있었던 과목은 없어요. 그냥 열심히 하고 싶었고, 정말 열심히 했어요"라고 말했다. 창희의 눈에 눈물이 고여 있었다. 창희가 흘린 눈물의 의미는 무엇이었을까? 1년 동안 학교에서 하는 모든 활동에 적극적으로 참여했고, 모둠 활동 시에도 특유의 리더십으로 좋은 평가를 얻었다. 시험 때는 혹시나 졸릴까 봐 빵 하나를 조금씩 나눠 먹으면서

까지 집중했고, 마침내 전교 4등이라는 좋은 결과를 얻을 수 있었다. 자신이 얻은 결과에 만족해하며 미소를 띠던 창희도 두 번 다시는 1학년 때처럼 공부하지는 않을 거라고 말했다. 고등학교 공부를 어떻게 해야 하는지 몰랐기에 할 수 있는 모든 것을 했지만, 자신만의 공부법을 터득한 지금은 선택과 집중에 포커스를 맞출 거라고 했다.

### 🧑 사례 2

중고등학교 6년 과정을 1년 10개월로 단축한 '3배속' 공부법의 주인공 최하은 씨는 국내 최고의 명문대로 손꼽는 연세대학교에 당해 최연소 합격생으로 조기입학 했다. 그는 저서 《합격 공식》을 통해 최종 목표를 세부화해 매일 작은 성공 하나씩을 이룬다고 말했다. '대학 합격'이라는 목표는 크고 장기적인 목표만 갖고는 수학능력시험까지의 장거리 레이스를 이어나가기가 힘들다는 것이다. 중간중간 장애물도 많고, 즉각적인 성취감 또한 맛보기 어려웠기에 그의 신념은 더욱 확고해졌다.

우리라고 못 할 건 없다. 위 사례의 주인공들처럼 우리도 치열하게 고민하며, 원하는 결과를 얻을 수 있도록 전략적으로

공부에 접근해보자. 자신의 삶과 목표를 생각하는 진취적인
자세는 단순히 공부나 성적에만 국한되는 것이 아니니까!

# 습관: if, when, then

얼마 전, 〈tvN〉 인기 예능프로그램 '유 퀴즈 온 더 블록'에 전 피겨 스케이팅 국가대표 김연아 선수가 출연했다. 은퇴 후 김연아 선수의 근황에 대해 이런저런 이야기를 나누던 중, '연느님 어록'이라 불릴 정도로 화제를 모았던 영상 하나가 소개됐다. 김연아 선수가 스무 살 무렵 촬영한 다큐멘터리의 한 장면이었다. 훈련에 앞서 스트레칭 으로 몸을 풀던 김연아 선수에게 담당 PD가 무슨 생각으로 스트레 칭을 하냐고 물었는데, 갑작스러운 질문에 김연아 선수는 잠깐 당황 하다가 멋쩍게 웃으며 이렇게 답했다.

**"무슨 생각을 해, 그냥 하는 거지."**

물론 담당 PD가 '경기력 향상을 위해서'라든가 '부상을 방지하기 위해서' 등의 대답을 콕 집어 원했던 건 아니었겠지만, 당시 해당 영상은 세계 최고의 피겨스케이터 김연아 선수도 평범한 우리의 생각과 별반 다르지 않다는 뉘앙스를 보이며 많은 이들의 공감을 불러일으켰다.

진로상담 중 공부와 관련된 이야기를 나누다 보면 아무 생각 없이 공부하고 있다는 학생들을 꽤 만나볼 수 있다. 이는 김연아 선수의 '생각 없음'과는 그 뉘앙스가 조금 다르다. 김연아 선수는 불필요한 잡념을 잊고 오직 좋은 기록과 성과에 매진하고 집중했던 것이지만 학생들은 그저 맹목적으로 공부하고 있었던 것이다. 우리가 공부하는 이유는 명확하다. 아니, 명확해야 한다. 비록 '성적'이라는 굴레에 갇혀 있다 할지라도 말이다.

여기서 말하는 공부는 꼭 학교에서의 공부뿐만이 아니라 개인적으로 추구하는 삶에 대한 '모든 것'을 의미한다. 인간은 배우면서 성장하는 존재다. 특히 공부는 그 중요성도 잘 알고, 누구보다 잘하고 싶은 욕구도 크지만, 마음처럼 되지 않는 것이 사실이다.

중요한 건 공부의 '습관화'다. 미국 최고의 자기계발 전문가로 손꼽히는 '제임스 클리어 (James Clear)'는 저서 《아주 작은 습관의 힘》을 통해 '모두 똑같은 습관을 가지고 있다면 누구나 똑같은 결과밖에 만들어내지 못한다. 그러나 남들과 다른 습관을 가지고 있다면,

훨씬 더 좋은 결과를 만들어낼 수 있다'라고 말했다. 더불어 '100번만 같은 일을 하면 그게 당신의 강력한 무기가 된다'라며 습관의 중요성을 강조했다.

내가 하고자 하는 일에 있어 필요한 것들을 습관화하는 것은 목표 달성에 큰 도움이 될 것이 분명하다. 김연아 선수 역시 스트레칭을 '그냥 하는 거'라며 큰 의미를 두지 않고 말했지만, 잦은 부상과 싸우며 마침내 세계 최고의 반열에 올라선 배경에는 훈련 전후에 '아무 생각 없이 그냥 하는' 습관화된 준비 과정이 있었을 것이다.

세계적인 베스트셀러 《설득의 심리학》의 저자 '로버트 치알디니(Robert B. Cialdini)'를 비롯한 많은 심리학자들은 새로운 행동을 만드는 방법으로 'if/when-then' 전략을 강조했다. 행동은 'if(만약)'/'when(언제)'-'then(그렇다면)'이 모두 성립되어야 한다는 것으로, 매일 약을 복용해야 한다면 '아침 8시(when), 식사 후 양치를 한 상태라면(if) 약(then)을 먹는다'라는 식의 결심을 해야 습관으로 이어질 수 있다는 것이다.

그저 '하루에 한 번 약을 먹는다'라는 결심은 어디까지나 목표에 불과할 뿐, 습관을 위한 전략은 아니며 이에 따라 약을 먹지 않고 건너뛰는 날도 충분히 발생할 수 있다. 또한 이 행동은 작은 단계로도 해체가 가능하다. 아침에 눈을 뜬 후 핸드폰을 확인하는 습관이 있다고 했을 때, 작은 행동은 '①아침에 눈을 떠 ②시간 확인을 위해 핸드폰을 본 후 ③인스타그램에 들어가 ④새로운 피드를 보는 것'으로 나눌 수 있다. 여기에 'if/when-then' 전략을 적용할 경우, ①만약 아침에 눈을 뜨면(if/when) ②책상에 바로 앉아 일정을 점검(then)하는 방식으로 의미 없이 SNS에 접속하는 불필요한 시간을 줄일 수 있다는 것이다. 나 역시 정보검색을 반복적으로 하는 등의 소모적 행위를 할 때 'if/when-then' 전략으로 시간의 낭비를 줄이고 있다.

일주일 후, 친구들과 1박 2일로 여행을 간다고 가정해보자. 여러분은 가장 먼저 무엇을 할 것인가? 행동을 세분화하는 것에 익숙하다면 먼저 노트나 핸드폰 메모장을 열 것이다. 옷은 몇 벌 가져갈지, 상비약은 얼마나 챙길지, 비가 올 수도 있으니 우산이나 우비를 챙겨야 할지 등을 계산에 넣고 그룹핑할 것이다. 말하자면 이것이 계획이고, 목표가 있는 사람들은 어떠한 일을 시작하기에 앞서 계획을 수립하는 것이 습관화되어 있다고 볼 수 있다. 이와 달리 '했어?', '안 했어?' 등의 이분법적 사고를 가진 이들은 계획이나 목표 없이 즐거운 여행이 될 거라는 막연한 기대만 하고 있을 것이다.

'습관'만큼이나 중요한 건 다름 아닌 '집중'이다. 공부한다고 매일 몇 시간씩 책상에 앉아 있어도 집중하지 못하고 다른 생각을 한다면 앉아 있으나 마나다. 그리고 이 '집중'도 습관처럼 성장시키는 방법이 있다. 타이머를 활용, 25분간 집중해서 일이나 공부를 한 후 5분간 휴식을 취하는 방식으로 1980년대 후반 '프란체스코 시릴로 (Francesco Cirillo)'가 제안한 뽀모도로 기법Pomodoro Technique이 그중 하나다. '뽀모로도'는 이태리어로 토마토를 뜻하며, 시릴로는 대학생 시절 토마토 모양으로 생긴 요리용 타이머를 활용해 집중력을 길렀고 이를 일 처리 방식에 도입했다. 뽀모도로 기법은 '한 번에 한 가지 일에 집중한다'라는 단순한 원칙에 근거한다. 이론상으로는 단순해 보이지만, 시릴로는 효율성을 극대화하기 위해 5가지의 세부 단계를 구성했다.

먼저 일을 우선순위에 따라 나누고 이를 노트에 적는다. 이어 타이머를 25분으로 맞춘 후 첫 번째 일을 시작하고, 25분간 몇 번이나 방해를 받았는지 추적한다. 그다음 기록지에 그날 관찰한 자신의 모습과 방해받은 횟수를 기록, 분석한다. 끝으로 이와 같은 과정을 프로세스 개선에 도움이 될 수 있도록 그래프 등으로 시각화한다. 이 방법으로 25분이라는 짧은 반복주기를 사용해 지속적인 페이스를 유지할 수 있다.

특히 이 기법은 휴식시간을 가지면서도 한 번에 한 가지 일에만 집중할 수 있도록 돕고, 타이머 통해 데드라인을 시각적으로 확인할 수 있다는 장점이 있다(심리적 압박에 따른 집중력 향상에 이만한 것이 없는 듯하다). 책 읽는 데 1뽀모도로, 수학 문제 푸는 데 2뽀모도로, 글 쓰는 데 3뽀모도로 등 자신만의 방법으로 시간을 구분한다면, 어떠한 일을 행함에 있어 나만의 단위를 만들고 그것들을 꾸준히 실천할 수 있을 것이다.

습관을 만들고자 한다면 명확한 목표가 필요하다. 공부하는 습관을 기르기 위해 '오늘은 문제집 N장을 풀 것이다', '이번 챕터를 꼭 읽을 것이다', '숙어 10개를 꼭 외울 것이다' 등을 목표로 삼을 수 있는 것처럼 말이다. 이를 사소한 범주의 것으로 여길지 모르겠지만 습관이 쌓이고 쌓이면 성적 향상에 많은 도움이 될 것이고, 이러한 성취감과 만족감을 통해 공부의 근본적인 이유에 대해서도 다시금 깨닫게 될 것이다. 물론 그 과정이 쉽지 않은 것은 분명하다. 그러나 실패를 거듭하더라도 자신의 한계를 깨기 위한 도전을 멈춰서는 안 된다. 작은 실패를 경험하다 보면 이에 대한 문제점과 개선 방향을 자연스럽게 모색할 수 있고, 이는 곧 자아발전의 값진 자원으로 기능할 것이다.

무엇보다 중요한 건, 습관을 만들어가는 일련의 행동들이 목표를 달성하는 과정 중 하나라고 믿는 마음이다. 규칙을 실천하면 어느새 습관이 되고, 실천이 습관화된 나의 모습은 스스로에 대한 용기와 확신을 가져다줄 것이다.

# ✪ Chapter 5 ✪

# 예쁘진 않지만
# 특별한 너에게

# 한 분야의 전문가 되기

"어떻게 살아야 잘사는 걸까?"

"어떤 직업을 가져야 만족할 수 있을까?"

"누구와, 어떤 식으로 인연을 맺어야 할까?"

우리의 삶 앞에는 수많은 선택지가 놓여 있으며 매 순간 선택의 기로에 서 있다고 해도 과언이 아니다. '순간의 선택이 평생을 좌우한다'라는 말처럼, 자의건 타의건 모든 선택에는 책임이 따르며 그 책임은 오롯이 개인의 몫이기도 하다.

당연한 얘기지만, 자신이 택한 길에 만족하는 사람이 있는가 하면 현실을 부정하거나 이를 받아들이지 못하고 방황에 방황을 거듭하는 이들도 있다. 중요한 건 '당시, 내가 다른 선택을 했다면 인생이 조금은 달라졌을까?' 하며 넋두리를 해 봐야 현실적으로 아무런 의미가 없다는 것이다. 그러나 그것이 청소년이라면 얘기가 조금 달라진다. 정신적, 육체적 성숙이 덜 된 학생들은 '후회'하고 돌아설 기회가 충분히 남아 있다는 것이다. 드물게는 학생 스스로 진로를 개척해 나가는 경우도 있지만, 대개 선생님이나 부모님이 앞장서서 아이들의 개성과 장점, 특기 등을 발굴하고 그에 따른 지원을 해준다.

보수적인 경향을 띠었던 기존 교육 트렌드의 변화도 이에 한몫한다. 이제는 주먹구구식이 아닌 학업 성취도나 특정 분야에 대한 재능, 취향 등을 분석한 맞춤형 솔루션이 구체적으로 제공된다. 국내 교육의 새로운 바람이 일기 시작한 건 비교적 최근의 일이지만, 사실 진로에 대한 논의는 이전부터 꾸준히 이어져 왔다.

미국의 경제학자 '이리 긴즈버그(Eli Ginzberg)'가 제시한 '직업선택 이론'부터, '슈퍼(Donald E. Super)'의 '진로발달이론', 심리학자 '타이드만(David V. Tiedeman)'의 '진로결정 과정 이론' 등을 위시하여, 현재까지도 각각의 이론에 대한 심도 있는 분석과 연구가 이어지고 있다. 여러 이론 가운데에서도, 슈퍼의 '진로발달이론'은 가장 보편적인 것으로 평가받는다. 긴즈버그는 진로선택을 위한 한 개인의 행동을 오랜 기간에 걸쳐 진행되는 일련의 발달과정으로 판단하며, '모든 선택은 개인의 적성과 흥미, 능력, 가치관, 성격 등 내적 요인과 외부의 현실적인 요인을 고려한 타협의 결과'라고 주장했다. 그러나 슈퍼는 긴즈버그의 이론에 한계가 있음을 지적하며, 진로선택 및 진로발달에 대한 다양한 견해를 종합해 진로발달에 대한 통합적 이론을 구축하기에 이른다.

슈퍼는 '인간은 신체와 정신의 성장, 일에 대한 관찰, 일반적인 환경 및 경험 등에 의해 발달하고 자신과 타인의 차이점과 유사점 등을 인지하게 되며, 진로에 대한 인식은 폭넓게 경험할수록 복잡하게 형성된다'고 주장했다. 또한 진로발달을 성장기growth stage, 탐색기exploration stage, 확립기establishment stage, 유지기maintenance stage, 쇠퇴기decline stage로 구분하며 이 과정을 거치면서 전 생애적으로 발달해 나간다고 말했다. 진로발달을 10세 이전의 '환상적 선택단계', 11세~17세의 '시도적 선택단계', 18세 이후의 '현실적 선택단계'로 구분한 긴즈버그와 달리 진로선택발달이 아동기부터 성인 초기의 특정 기간에 국한되지 않고, 인생 전반에 걸쳐 지속적으로 발달·변화한다고 얘기한 것이다. 진로발달 시기가 엇갈리기는 하지만 18세 이전, 성장기에 대한 중요성을 두 학자 모두 동일하게 강조하고 있다는 점은 눈여겨볼 필요가 있다.

특히 슈퍼는 직업 선택에 대한 청소년의 '지향성'을 일종의 삶의 태도로 간주하고, 자기개념을 형성하기 위한 매우 중요한 '진전과정'이라고 말했다. 자신의 미래와 진로선택에 대한 의지와 노력이 청소년들에게 반드시 요구된다는 것이다. 단, 이 논리를 실현하기 위해서는 어린 시절부터 자신의 정체성을 찾고, 스스로를 독립적 주체로 성장시킬 수 있는 역량을 키워나가야 한다. 특히 요즘같이 새로운 직업이 우후죽순으로 등장하는 시기라면 더 말할 것도 없을 것이다.

알다시피 지금은 사람이 아닌 기계와 경쟁해야 하는 시대다. 이 냉정한 현실에서 살아남기 위해서는 관련 분야의 뛰어난 전문가로 성장하는 수밖에 없다. 전문가는 하루아침에 뚝딱 만들어지는 것이 아니며, 피나는 노력과 성실함은 물론 때로는 가늠할 수 없는 크기의 고통을 견뎌야 한다. 국내 빅데이터 전문가 송길영 박사 역시 시사교양 프로그램 〈차이나는 클라스〉를 통해 AI 시대에서 살아남는 방법으로 '전문가 되기'를 먼저 꼽았다. 이러한 주장은 세계적인 미래학자, '다니엘 핑크(Daniel H. Pink)'의 저서 《파는 것이 인간이다》를 통해서도 확인할 수 있다.

"우리는 가치를 받고 가치를 파는 즉, 나를 세일즈하는 시대에 살고 있으며 이를 위해서는 자신의 전문성, 자신의 능력을 보여주는 것이 중요하다. 또한 목표를 위해 무작정 달리지 말고, 진로 결정에 대해 신중히 생각한 다음 이후의 것들을 설계해야 한다."

송길영 박사와 다니엘 핑크가 공통으로 주장하는 '전문성'은 현대

인들에게 가장 필요한 것이면서, 동시에 가장 어려운 것이기도 하다. 교육계에서도 전문성 획득의 중요성을 인식하고 학교 정규수업을 통한 진로교육에 상당한 노력을 기울이고 있다. 최근 한 커뮤니티에 실린 현직 교사의 기고에 따르면 고등학교 1, 2학년 때 진로와 관련된 수업을 하는 교과가 많으며, 교과 세부능력 및 특기 사항 등의 진로와 수업내용을 엮어 토론이나 발표시간을 갖기도 한다. 국어 시간에는 매체를 활용하여 꿈을 발표하고, 영어 시간에는 배운 구문을 사용하여 영작문을 하며 자신의 꿈을 적기도 한다는 것이다. 나아가 사회 시간에는 자신의 진로와 더불어 직업윤리에 관한 토론을, 미술 시간에는 꿈과 관련된 작품 활동을 한다.

일각에서는 굳이 진로교육을 하지 않아도 된다고 말하지만, 실제로 진로가 정해지지 않으면 학교 수업에 적극적으로 참여하기 힘든 부분이 있다. 반면 진로 수업을 통해 자신의 진로가 명확해지기도 하며, 이러한 현직 교사의 기고는 진로교육의 당위성에 힘을 보탰다. 진로교육의 궁극적인 목표는 다름 아닌 아이들의 '행복'이다.

진로를 결정하기 위해서는 직업 세계의 이해는 물론 자기 이해, 합리적인 의사결정 능력, 정보탐색, 정보 활용능력, 직업과 일에 대한 올바른 가치관과 태도 형성 등을 모두 고려해야 한다. 이를 통해 아이들은 조금 더 합리적으로 자신의 진로를 선택할 수 있고, 부모님 역시 자녀의 진로를 어느 방향으로 둘지 종합적으로 가늠할 수 있을 것이다. 다시 한번 강조하지만, 모든 선택에는 책임이 따르며 그 결과를 받아들이는 것은 어디까지나 본인의 몫이다. 인생은 누가 대신 살아줄 수 없다. 그게 설령 부모님일지라도 말이다.

# 칼 구스타브 융과 BTS

여러분은 여러분 자신에 대해 얼마나 알고 있는가? 진정한 '나'를 찾기 위해서는 '내 감정', 그러니까 내가 어떤 생각과 어떤 감정을 지니고 있는지 명확히 파악할 수 있어야 한다. 세계적인 심리학자 '칼 구스타브 융(Carl Gustav Jung)'은 '진정한 자아를 찾아가는 길은 자신이 누구인지 이해하고, 그것을 받아들이며 삶을 살아가는 것'이라고 강조했다. 전 세계에 수많은 팬을 보유하고 있는 방탄소년단BTS 역시 자신을 사랑하고 자아를 찾아 가야 한다는 메시지를 다양한 음악을 통해 전달하고 있다. 실제로 융과 BTS의 철학은 밀접하게 연관되어 있다. BTS는 '나 자신의 온전한 모습을 찾는다'라는 의미를 담은 〈MAP OF THE SOUL : 7〉을 발매했고, 융의 이론을 계승한 정신분석학자 '머리 스테인(Murray Stein)'이 펴낸 《Jung's Map Of The Soul》은 세계적으로 큰 화제를 낳기도 했다.

융과 BTS가 공통적으로 말하는 '자아'를 찾기 위해서는 앞서 언급한 것처럼 나의 감정을 스스로 깨우치는 과정이 반드시 필요하다. 이는 자기 감정인식 또는 자기인식 등으로 부를 수 있는데 자신의 생각이나 감정, 욕구, 가치 등을 객관적으로 인식하고 평가한 후 발생 원인을 이해하는 것으로 풀이된다. 더불어 이러한 자신의 생각과 감정이 주변에 미치는 영향까지 분석해볼 수 있다. 자기 감정인식이 가능한 사람은 좋고 싫음이 분명하고, 간결하며, 어떠한 결정 앞에서 심사숙고하되 망설이지 않는다. 반면 자기 감정인식이 힘든 사람들은 우물쭈물하기 일쑤고 '우유부단하다'라는 말을 꼬리표처럼 달고 다니게 된다. 이는 자신감의 유무에 따라 구분되는 능력이라고도 볼 수 있다. 다음 사례를 살펴보자.

중학교 2학년인 민석이는 자기 뜻대로 안 되면 자신의 팔에 상처를 내곤 했다. 상처가 채 아물기도 전에 이러한 행동이 반복되면서 민석이의 팔은 흉터로 얼룩져 갔다. 보다 못한 민석이의 어머니는 근심 가득한 얼굴로 상담을 신청했고, 상담하는 내내 불안해했다. 어머니는 이러한 민석이의 이상행동의 원인이 '1학기 중간고사'에 있다고 말했다. 시험 직후 생각한 만큼 성적이 나오지 않자 민석이는 몹시 실망스러워했고 그때부터 말수가 줄어들기 시작하더니, 시험을 볼 때마다 복통을 호소했다고 한다.

상담을 진행하면서 유독 안타까웠던 사례로 기억되지만, 최근 민석이의 근황을 접하고 무척 반가웠다. 고등학생이 된 민석이는 화가를 꿈꾸며 현재 미술학원에 다니고 있다. '잘하는 것과 좋아하는 것 중 잘하는 것을 선택했을 뿐'이라며 이러한 결정을 하게 된 이유에 대해서도 명확하게 말했다. 주말에는 하루 6시간씩 학원에서 그림을 그리며 꿈을 키워나가고 있었으며, 무엇보다 자신이 선택한 진로에 대한 확신과 자신감이 있었다. 중학교 시절, 사람들의 시선을 의식하며 자신에 대한 불신을 키워나가던 모습과는 확연히 달라진 민석이. 지속적인 상담을 통해 이러한 감정과 행동들이 결국 누군가에게 '인정받고 싶은 심리'에서 비롯된 것임을 인식하게 되었고, 자기 감정 인식을 통해 지금은 자신이 추구하는 미래를 위해 하루하루 열심히 살아가고 있다.

중국계 미국인 작가 '쑤린'은 저서 《어떻게 인생을 살 것인가》를 통해 자신감이 성공을 부른다고 설명하며 '랠프 월도 에머슨(Ralph Waldo Emerson)'의 명언 하나를 소개한다.

**"자신감은 최고의 성공 비결이다. 자신을 어떻게 인식하고, 어떤 능력을 어떻게 발굴하느냐에 따라 그 사람의 존재가치가 달라진다."**

도전해 보지도 않고 할 수 없다고 단정 짓게 되면 실제로 아무것도 할 수 없게 된다. 시작도 하기 전에 포기해 버리기 때문이다. '시작이 반이다'라는 말을 지겹도록 들어 왔을 것이다. 진부하기 짝이 없는 이 말이 오래도록 회자되는 데는 그만한 이유가 있다. 시작이 곧 도전이요, 도전하는 자는 그 결과를 겸허히 받아들일 수 있는 사람이다. 실패를 받아들이는 자세 또한 '다음에는 더 잘할 수 있다'라는 자신감에서 비롯된다. 만약 민석이가 실패를 딛고 일어나지 못했다면, 그런 자신감이 없었다면, 과연 어떻게 되었을까?

자기감정을 인식하고 이를 적재적소에 활용하는 것은 자기계발과 자아 성장에 많은 도움이 된다. 감정의 패턴을 파악하고 개선해나가는 과정을 통해 비로소 스스로를 발전시킬 수 있으며, 자기인식과 자기효능감 역시 그렇게 다져나가는 것이다. 자신을 이해하고 받아들이는 능력, 즉 자기 존중감은 '자기애'와 '자기 수용'을 촉진하며 행복감을 증진시킬 수 있고, 이는 목표달성과 성공에도 적지 않은 영향을 미친다. 감정의 영향을 제대로 다룰 수 있다면 모든 면에서 만족할 만한 성과를 얻을 수 있다는 것으로도 해석할 수 있다.

'자기 감정인식'이라는 말이 생소하게 들릴 수도 있지만, 이는 사실 늘 우리와 함께 살아가는 말이기도 하다. 다음 주가 시험 기간이라고 가정했을 때, 시험을 앞두고 공부를 열심히 해야 하는 것은 너무나 당연한 얘기일 것이다. 그러나 시험 기간이라고 해서 꼭 밤새도록 공부해야 하는 건 또 아니다. 공부를 할 수도 있고, 안 할 수도 있다. 즉, 시험을 앞두고 공부를 해야 한다는 것은 누구나 알고 있지만, 이를 실행하고 말고는 자신에게 달려 있다는 것이다. 다시 말해 이것은 '옳고 그름'의 문제가 아닌 '선택'의 문제라는 것!

신분이 학생이라는 이유만으로 모든 것을 일반화할 필요는 없다. '남들이 하니까 나도 해야 한다'라는 고정된 사고방식에서 벗어나 나의 감정이, 마음이, 상태가 어떤지 주의 깊게 관찰해보아야 한다(누구에게나 그 정도 마음의 여유는 있을 거라 믿는다). 그러면 자신이 진정으로 원하는 것을 발견하게 되고 그런 마음이 실천으로까지 이어질 수 있을 것이다. 다른 사람의 감정이나 마음을 살피는 일도 분명 중요하다. 그러나 더 중요한 건 바로, 자신이다. 그 중요한 '시작'을 '자기 감정인식'과 함께 해보자.

**셀프컨트롤** self-control

진로와 진학을 고민할 때 빼놓을 수 없는 요소가 있다. 마음 챙김 (mind fullness), 동기부여(Motivation), 감성지수(Emotional Quetient) 가 그중 하나다. 이는 감정에 치우치지 않고 평온한 상태로 자신을 객관적으로 바라보는 것에서부터 시작한다. 만약, 마음 관리에 소홀 하게 되면 진로의 방향이 수시로 달라질 수 있고, 집중력이 흐트러져 학습을 꾸준히 지속하기 어려워진다. 따라서 목표한 진로, 진학을 위 해 마라톤에 참가하는 자세로 심신을 단련하면서 적절한 '자기통제' 를 하는 것이 중요하다. 지금부터는 어떻게 감정을 조절하고, 어떻게 마음을 챙겨야 하는지 살펴보도록 하자.

수능 만점자는 무엇이 다를까? 한 유튜브 채널에서 수능 만점자들 을 모아놓고 인터뷰하는 영상을 보았다. 만점 비법을 묻자 공통된 답변을 늘어놓았다.

**첫째,** 매일 꾸준히 공부하기

**둘째,** 학교 수업에 먼저 충실하기

**셋째,** 부족한 게 있다면 인터넷 강의로 보충하기

**넷째,** 최대한 긴장 풀기

**다섯째,** 매 순간 집중하며 최선을 다하기

'이런 방법이 있었어?'라고 감탄하는 사람은 아마 없을 것이다. 유익한 것은 사실이지만 누구나 알 수 있을 법한 말이기 때문이다. 그렇다면, 위 사항들을 꾸준히 실천하는 건 쉬울까? 누구나 알지만, 아무나 실천할 수는 없는 일들이 있다. 위 다섯 가지 사항들이 그렇다. 지속성을 가졌다는 건 그만큼 훈련이 되어 있다는 것이다. 날씨처럼 우리의 감정도 그날그날의 상태에 따라 수시로 뒤바뀌는데, 폭풍처럼 몰아치는 다양한 감정변화 속에서 흔들리지 않고 일관된 태도를 지니는 것이야말로 수능 만점자들이 공통적으로 지닌 자질이 아닐까. 감정은 다양한 형태로 나타나며, 그 감정에 휩쓸리지 않는 건 지극히 어렵다.

오늘 아침에 기분 좋게 일어났는데 동생이 딴지를 건다. 엄마가 아침부터 동생이랑 싸운다고 잔소리를 하신다. 현관문을 나설 때 인사를 하지 않았다. 오늘 하루는 시작부터 망친 기분이다. 단짝 친구와 사소한 말다툼이 있었는데 어쩐지 어색한 기운이 감돈다. 자꾸 친구

의 눈치를 보게 된다. 친구와 떡볶이를 먹으며 서로에 대한 오해를 풀었다. 무거웠던 마음이 조금은 가벼워진 듯했다. 주말엔 할머니 댁에 가는데 며칠 전 태어난 강아지들을 볼 생각에 벌써부터 신이 난다.

우리의 기분과 감정은 하루에도 수십 번씩 바뀌며, 그 감정들이 때로는 행동으로 표출되기도 한다. 앞서 언급한 《합격 공식》의 저자 최하은 씨는 '공부하다 보면 언젠가 한 번쯤은 좌절하게 되는 순간이 오는데 마음의 문제를 무시하고 공부만 하는 것은 결코 좋은 방법이 아니다'라고 말했다. 마음과 감정을 다스리지 못하면 수능이라는 길고 험난한 레이스를 안전하게 끝낼 수 없다는 것이다.

상황은 바꿀 수 없다. 하지만 감정 상태는 조절할 수 있다. 수많은 독자의 사랑을 받은 《마시멜로 이야기》에는 653명의 유치원생을 대상으로 한 '월터 미셸(Walter Mischell)' 박사의 흥미로운 실험에 관한 얘기가 나온다. 연구자들은 아이들에게 마시멜로 하나씩을 건네며 일종의 선택권을 주었다. 지금 당장 마시멜로 하나를 먹거나, 15분을 참았다가 마시멜로 두 개를 먹는 것! 아이들은 두 개의 마시멜로를 먹기 위해 눈앞에 놓인 마시멜로를 애써 외면했다. 참기 힘든 아이들은 손으로 눈을 가리기도 하고, 또 어떤 아이는 몸을 돌려 아예 다른 데를 바라보기도 했다. 결국, 653명의 유치원생 중 30%만이 유혹을 견뎠고 나머지 70%는 유혹을 견디지 못하고 마시멜로를 입에 넣고 말았다.

연구자는 실험에 참여했던 아이들이 고등학생이 된 시점에서 몇 가지 흥미로운 점을 발견했다. 계획하고 생각하는 능력, 문제에 대처하는 능력, 교우 관계, 대학입학 성적 등을 분석한 결과, 마시멜로 실험에 참여했던 대상자 중 참을성 있게 기다렸던 30%의 아이들은 10대가 되어서 더 올바르고 모범적인 사람으로 성장했다는 것을 알게 되었다. 원하는 것을 이루기 위해서 자신의 감정을 조절하는 것이 이후의 삶에 얼마나 큰 영향을 미치는지 보여주는 대목이었다.

## MOOD METER 무드 미터

| 격분한 Enraged | 공황에 빠진 Panicked | 스트레스 받는 Stressed | 초조한 Jittery | 충격받은 Shocked | 놀란 Surprised | 긍정적인 Upbeat | 흥겨운 Festive | 아주 신나는 Exhilarated | 황홀한 Ecstatic |
|---|---|---|---|---|---|---|---|---|---|
| 격노한 Livid | 몹시 화가 난 Furious | 좌절한 Frustrated | 신경이 날카로운 Tense | 망연자실한 Stunned | 들뜬 Hyper | 쾌활한 Cheerful | 동기 부여된 Motivated | 영감을 받은 Inspired | 의기양양한 Elated |
| 화가 치밀어 오른 Fuming | 겁먹은 Frightened | 화난 Angry | 초조한 Nervous | 안절부절못하는 Restless | 기운이 넘치는 Energized | 활발한 Lively | 흥분한 Excited | 낙관적인 Optimistic | 열광하는 Enthusiastic |
| 불안한 Anxious | 우려하는 Apprehensive | 근심하는 Worried | 따증나는 Irritated | 거슬리는 Annoyed | 만족스러운 Pleased | 집중하는 Focused | 행복한 Happy | 자랑스러운 Proud | 짜릿한 Thrilled |
| 불쾌한 Repulsed | 골치 아픈 Troubled | 염려하는 Concerned | 마음이 불편한 Uneasy | 언짢은 Peeved | 유쾌한 Pleasant | 기쁜 Joyful | 희망찬 Hopeful | 재미있는 Playful | 더없이 행복한 Blissful |
| 역겨운 Disgusted | 침울한 Glum | 실망스러운 Disappointed | 의욕 없는 Down | 냉담한 Apathetic | 속 편한 At Ease | 태평한 Easygoing | 자족하는 Content | 다정한 Loving | 충만한 Fulfilled |
| 비관적인 Pessimistic | 시무룩한 Morose | 낙담한 Discouraged | 슬픈 Sad | 지루한 Bored | 평온한 Calm | 안전한 Secure | 만족스러운 Satisfied | 감사하는 Grateful | 감동적인 Touched |
| 소외된 Alienated | 비참한 Miserable | 쓸쓸한 Lonely | 기죽은 Disheartened | 피곤한 Tired | 여유로운 Relaxed | 차분한 Chill | 편안한 Restful | 축복받은 Blessed | 안정적인 Balanced |
| 의기소침한 Despondent | 우울한 Depressed | 통한 Sullen | 기진맥진한 Exhausted | 지친 Fatigued | 한가로운 Mellow | 생각에 잠긴 Thoughtful | 평화로운 Peaceful | 편한 Comfortable | 근심 걱정 없는 Carefree |
| 절망한 Despairing | 가망 없는 Hopeless | 고독한 Desolate | 소모된 Spent | 진이 빠진 Drained | 나른한 Sleepy | 흐뭇한 Complacent | 고요한 Tranquil | 안락한 Cozy | 안온한 Serene |

↑ 높은 에너지 High Energy ↓ / ↓ 낮은 에너지 Low Energy ↑

← 쾌적함 낮음 Low Pleasantness → ← 쾌적함 높음 High Pleasantness →

출처: 마크 브래킷, 《감정의 발견》

감정을 알아차리기 위해서는 훈련이 필요하다. 자신이 일상에서 주로 느끼는, 특정한 상황이나 사람에게 느끼는 '감정 단어'를 찾아보자. 나는 학생들과 상담을 시작할 때, 그동안 어떻게 지냈는지 근황에 대해 먼저 묻는다. 그러면 대다수의 아이들이 이렇게 답한다.

**"그냥 똑같았어요."**
**"별일 없이 지냈는데요."**

그러면 나는 조금 더 구체적으로 묻는다.

**"지난 한 주는 어땠어?"**

물론 자신의 일상을 시시콜콜 말하는 아이들도 있다. 나는 아이들의 말투나 표정, 행동들을 보며 그들의 감정을 읽은 후 그 감정을 언어로 표현하게끔 한다. 학교와 학원, 그리고 집…. 반복되는 일상이라고 해서 매일매일의 감정이 똑같지는 않기 때문이다. 지금부터라도 '감정 읽기' 연습을 해보자. 감정 조절은 비단 부정적인 감정을 통제하고 제어하기 위해서만 필요한 것이 아니다. 자신의 감정을 컨트롤하기 위해서는 자신의 감정 상태를 제대로 파악할 줄 알아야 한다. 그에 따라 몇 가지 상황을 만들어보고자 한다.

| 사건(상황) 1 | 모둠 활동에서 발표자 한 명을 뽑아야 하는 상황 |
|---|---|
| 감정 | 불안, 부담, 염려, 걱정 |
| 생각 | '내가 지목되면 어떡하지, 발표하는 건 너무 두려운데…' |

| 사건(상황) 2 | 영어 점수가 78점에서 90점으로 오른 상황 |
|---|---|
| 감정 | 만족, 기쁨, 자신감, 동기 부여 |
| 생각 | '나도 하고자 마음먹으면 해낼 수 있구나…' |

내가 지금 혼란스러운지, 기쁜지, 우울한지, 즐거운지, 괴로운지, 막막한지, 자신 있는지 파악한 다음 그게 어떤 감정이든 수용할 수 있는 자세가 되어 있어야 한다. 그래야 자신이 원하는 대로, 원하는 만큼의 감정 조절을 할 수 있기 때문이다. 잠시 생각해보자. 나는, 여러분은, 어떤 결과를 원하는가? 원하는 결과를 위해 어떤 태도를 취할 수 있는가?

| 사건(상황) | 감정 | 생각 | 행동(결과) | 전환 |
|---|---|---|---|---|
| 어떤 상황에 놓여 있는가? | 그 상황에서 어떤 감정이 생겼는가? | 그 감정이 어떤 생각을 하게 했는가? | 생각에 의한 행동이 어떠했는가? | 원하는 결과가 무엇인가? |

앞서 언급했던 수능 만점자도, 《합격 공식》의 저자도, 자신의 감정 상태를 잘 파악했기에 원하는 선택을 하고 좋은 결과를 만들어 낼 수 있다. 출판 기획자 '쉬셴장'은 《하버드 감정 수업》에서 이렇게 말한다.

"성취와 명예, 부를 만드는 요소는 80% 이상이 감정과 관련이 있으며, 지식이나 실력과의 관련성은 15%에 불과하다. 이는 감정 조절 능력이 단순히 사람의 감정뿐만 아니라 일과 성공, 일상과 인간관계에까지 지대한 영향을 미친다."

유구한 역사 속에서 걸출한 인문들을 배출해온 하버드대에서는 학생들에게 '감정 수업'을 권장한다. 사람의 미래를 결정짓는 것이 그들이 지닌 성적과 지능이 아닌 스스로의 감정을 제어하는 능력이라 여겼기 때문이다. 이를 증명하듯 메타(전 페이스북)의 마크 저커버그, 마이크로소프트의 빌 게이츠, 버락 오바마 전 대통령, 영화배우 맷 데이먼, NBA 스타 제레미 린 등 하버드 출신들은 저마다 겪어야 했던 다양한 위기의 순간에도 감정을 제어해내며 흔들림 없이 각 분야의 최고 위치에 올랐다.

사람은 매일 자신의 감정을 알아차리고, '태도'라는 반응을 하며 하루를 보낸다고 해도 과언이 아니다. 자신의 정서와 기분에 휘둘리지 않고, 올바른 길을 향해 계속 나아가고 싶다면 마음 상태를 꾸준히 점검해 나가려는 진취적인 자세가 필요하다. 나 역시 내가 만난 학생들이 자신의 감정에 솔직해질 수 있도록, 먼저 그 마음을 여는 데 최선을 다한다.

결코 어렵거나 불가능한 일이 아니다. 자신을 진정으로 응원해주는 사람은 결국 자신뿐이다. 하루 중 단 1분이라도 좋다. 자신의 마음이 어떤지, 가만히 귀 기울여보자.

# 자기표현과 공감 능력

 '감정'을 주제로 한 애니메이션《인사이드 아웃》은 11살 소녀 '라일리'의 다섯 가지 주요 감정인 기쁨과 슬픔, 분노, 혐오, 공포를 통해 변화하는 라일리의 모습을 그린다. 라일리의 머릿속에는 감정을 컨트롤하는 '본부'가 있으며, 주요 감정은 '기쁨'이다. 행복한 어린 시절을 보내지만 아빠의 사업으로 샌프란시스코로 이사 가게 되었고 그때부터 라일리의 감정에 여러 가지 문제가 생긴다. 다양한 감정이 교차하는 가운데 모든 감정이 서로의 역할과 중요성을 깨닫고 라일리를 '행복했던 원래의 모습'으로 돌려놓기 위해 애쓴다. '피트 닥터(Pete Docter)' 감독은 인간의 감정과 내면세계를 이해와 공감으로 가득 채우며 독특한 세계관을 풀어 놓았고, 이는 감정의 개성적 표현을 통한 상호작용을 바탕으로 관객들의 공감의 이끌어 냈다. 개인의 다양한 감정이 삶에 미치는 영향을 직간접적으로 보여줌으로써 자기표현과 공감의 중요성을 다시금 강조한 것이다.

진로 수업을 하다 보면 수업에 집중하지 않고 수학 문제를 푸는 등 다른 공부에 열중하는 학생들을 종종 만날 수 있다. 이들 대부분은 상담 시, 자신의 꿈을 위해 공부하는 것이 아니라 오직 입시를 위해 공부하고 있다고 말한다. 나는 이런 친구들에게 '고교학점제'에 대해 설명하고, 미래지향적인 사고를 갖도록 권고한다. 학습 태도를 바꾸지 않으면 더 이상의 발전은 기대하기 어렵기 때문이다. 입시를 위한 공부는 성공과 그다지 관련이 없다. 이보다 중요한 것은 자아 정체성 확립이며, 자기표현과 공감 능력이 상실된 상태라면 진로 선택과 적응에 있어 뒤처질 수밖에 없다. 다시 말해, 자기표현과 공감 능력은 삶의 여러 영역에서의 발전과 성공을 이끌어 내며, 목소리를 내어 표현하고 타인과 소통하는 능력을 키워나간다면 자신의 꿈과 목표에 한 걸음 더 가까이 다가설 수 있을 것이다.

우리나라 대표직업 196개에 대한 향후 10년간(2018년~2027년)의 일자리 전망과 이에 영향을 미치는 요인을 기록한《2019 한국직업전망》에 따르면, 2027년까지 취업자 수가 증가할 것으로 전망되는 직업은 총 19개 분야로, 보건·의료·생명과학, 법률, 사회복지, 산업안전, 항공, 컴퓨터네트워크·보안 관련 분야 등이 있었다.

| 연번 | 분야 | 직업명 | 증가 요인 |
|---|---|---|---|
| 1 | 보건,<br>의료,<br>생명과학 | 간병인 | 국가지원 중심으로의 돌봄 환경 변화,<br>치매 및 요양 시설 증가 |
| 2 | | 간호사 | 건강관리 및 의료 비용 지출 투자,<br>간호사의 활동 분야 확대,<br>간호 · 간병 통합 서비스 |
| 3 | | 간호조무사 | 고령화, 간호조무사의 활동 분야 확대 |
| 4 | | 물리 및<br>직업치료사 | 고령화, 보험시장 확대로 인한<br>의료 서비스 증가 |
| 5 | | 생명과학연구원 | 식품 및 보건 연구 활성화, 기업 생명과학<br>투자 증가, 바이오에너지 및 생물 다양성<br>연구 활성화, 법제도 및 정부 정책 요인 |
| 6 | | 수의사 | 반려동물 문화 확대,<br>글로벌화에 따른 검역업무 증가,<br>생태계 보존 필요성 증가 |
| 7 | | 의사 | 고령화, 건강에 대한 관심 증가 |
| 8 | | 치과의사 | 고령화, 건강보험 적용 확대<br>(고령자 임플란트 등) |
| 9 | | 한의사 | 고령화, 한의학 접목 산업 확대 및<br>의료 기술 수출,<br>건강보험 적용 범위 확대 |

| 10 | 법률 | 변리사 | 기술발전에 따른 특허 건수 확대, 지적재산권 중요도 상승 |
|---|---|---|---|
| 11 | | 변호사 | 법률 서비스 수요 증가세로 인한 고용 증가 |
| 12 | 사회복지 | 사회복지사 | 고령화, 기업의 사회적 책임 강조, 복지정책 강화 |
| 13 | 산업안전 | 산업안전 및 위험관리원 | 근로자 및 국민의 산업안전보건에 대한 인식 개선, 안전에 대한 정부의 규제 강화 |
| 14 | 항공 | 항공기 조종사 | 여행 수요 증가, 취항 노선 확대, 화물 수송 증가, 항공운송사업 신규 면허 발급 |
| 15 | | 항공기 객실 승무원 | 여가에 대한 관심 증가, 저가 항공사의 신규 노선 증가 |
| 16 | 컴퓨터 네트워크, 보안 | 네트워크 시스템 개발자 | IT와 타 산업의 융합, 빅데이터에 기반한 초연결사회로의 전환 |
| 17 | | 컴퓨터 보안 전문가 | 성장세인 산업계 동향과 인력수급 전망 고려 |
| 18 | 건설 | 한식목공 | 문화재 보수 예산 증가, 한옥 신축 증가 등의 영향 |
| 19 | 화학, 섬유, 환경, 공예 | 에너지공학 기술자 | 미세먼지 등 환경에 대한 관심 증가, 국내외 신재생에너지 강화정책에 따른 연구 · 개발 · 서비스 증가 |

출처: 한국고용정보원

또한 심층 면접 및 초점집단면접 조사를 통해 수집한 키워드를 분석한 결과 스마트 자동화 기술, 저출산 고령화, 경쟁 심화, 환경 등이 일자리 증감에 영향을 미치는 주원인으로 나타났다. 이에 대해 한국고용정보원 박가열 연구위원은 "일자리 증감은 기술혁신뿐만 아니라 인구구조 및 사회·문화적 환경, 정부 정책 및 제도의 상호작용을 반영한 결과물이다"라며 "앞으로 펼쳐질 미래 일자리 세계에 적응하기 위해서는 혁신적으로 발전하는 기술에 대한 적응 능력을 기르고, 사회 문화 및 정책 변화에 관심을 가지고 자신이 선호하는 전문분야를 개척하는 정신이 필요하다"라고 말했다. 많은 직업이 나타나고 사라지기를 반복하는 사회임에도 일자리 수요, 즉 나의 미래를 결정지을 수 있는 선택지는 많다. 이런 상황에서 자기표현과 공감 능력의 함양은 자신만의 경쟁력을 만들어가는 데 매우 중요한 '도구'로 활용될 것이다.

'토마스 에디슨(Thomas Alva Edison)'의 전기를 집필한 럿거스대학교 에디슨 연구소 '폴 이스라엘(Paul B. Israel)' 소장은 "에디슨이 어릴 때부터 전새 소리를 듣긴 했지만 늘 그래 왔던 건 아니다"라고 말하며 "실험과 기계 다루는 일에 열성적이긴 했으나, 이는 당시의 다른 아이들이 보였던 기술에 대한 흥미와 크게 다르지 않았다"라고 덧붙였다. 그렇다. 다른 게 있었다면 유별난 호기심과 새로운 것에 도전하는 열정, 그리고 이를 실행에 옮기는 추진력이었다. 성인이 된

후에도 에디슨의 이러한 성향은 계속됐다. 대부분의 사람들이 자신에게 주어진 업무에만 열중하는 반면 에디슨은 여러 도시를 오가며 새로운 전신기술을 익혀나갔다. 주변에서 일어나는 현상들을 그냥 지나치지 않고, 깊이 있게 연구·관찰하며 자신의 꿈과 잠재의식 속에서 창의적인 세계를 구축해 나간 것이다.

성장과 발전의 시기를 겪고 있는 청소년들의 경우, 자신의 미래를 성공적으로 이끌 방법 중 하나로 디자인 씽킹 Design Thinking 전략을 꼽을 수 있다. 이는 사람 중심적인 관점으로 문제를 바라보고 창의적인 아이디어와 솔루션을 개발, 혁신을 도모하는 방법으로써 제품의 기획부터 연구개발·마케팅에 이르기까지 전 과정에 걸쳐 창의적인 프로세스를 적극적으로 활용하는 새로운 디자인 관점이라고 볼 수 있다. 현재 디자인 씽킹은 제품 및 서비스 디자인, 고객 경험 개선, 혁신적 비즈니스 모델 개발 등에 주로 활용되고 있으며, 애플Apple, 에어비앤비Airbnb, 테슬라Tesla, 인도의 아라빈드AECS 등 세계적인 기업에서 활용되기도 한다.

애플은 디자인 씽킹을 통해 혁신적인 제품을 개발, 사용자들에게 새로운 경험을 선사했고 에어비앤비는 사용자 중심적 디자인 씽킹으로 기존 숙박 예약 서비스를 획기적으로 개선하며 세계 최고의 숙박 예약 플랫폼으로 발돋움했다. 스페이스XSpaceX와 테슬라를 통해 우주개발 및 전기 자동차 산업의 혁신을 주도한 일론 머스크 역시 디자인 씽킹을 통해 사용자들에게 새로운 가능성을 제시하고 있다. 아라빈드는 저렴한 안과 치료와 수술을 지원하여 빈곤층의 시력을 회복시키는 데 기여하고 있으며, 사용자 중심의 디자인 씽킹은 이처럼 다양한 분야에서 효율적이고 독창적인 서비스를 제공한다. 특히 사회적 문제 해결의 기여는 비즈니스의 차원을 넘은 '범세계적 공헌'이라고 봐도 무방할 것이다.

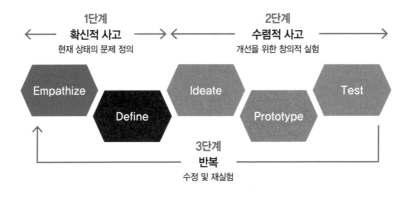

디자인 씽킹은 문제를 해부하고 분석하는 과정으로부터 시작한다. 청소년들은 진로나 목표 등 자신에게 놓인 현실적인 문제들을 디자인 씽킹의 관점에서 바라보며, 독창적인 해결책을 찾고 새로운 아이디어를 도출해내야 한다. 디자인 씽킹은 개개인의 창의성과 혁신적인 아이디어의 실현을 돕고 협업 및 커뮤니케이션 능력을 향상시키는데, 이는 자기표현과 자기 주도적인 학습을 도모하는 데 큰 역할을 한다. 다시 말해, 디자인 씽킹은 개인의 아이디어와 의견을 표현하고 그것을 현실로 만들어나가는 거대한 '과정'이라고 보면 된다. 다음의 두 사례를 보며 디자인 씽킹이 청소년들에게 얼마나 중요한지 다시 한번 되새겨보자.

초등학교 2학년 때부터 특허청 발명기자단으로 활동하고 있는 동신중학교 2학년 신정훈 학생은 발명기자단에 발탁되었음에도 불구, 1년에 기사 하나를 겨우 써낼 정도로 글쓰기에 대한 자신감이 없었다. 그러나 어느새 글쓰기에 관련된 상을 11개나 수상하게 되었고, 성공 확률을 높이는 방법이 '스위치'였음을 고백한다. 스위치…. 컴퓨터를 잘하려면 전원 버튼을 눌러야 하고, 글을 잘 쓰려면 워드 프로그램을 실행시켜야 한다는 것이다. 수영을 잘하려고 아무리 노력해도, 물에 들어가지 않으면 수영 실력을 키울 수 없는 이치와 같다.

**"시작하지 않으면 가능성은 0%, 실패한다고 해도 0.00001%의 가능성을 쥐고 일단 시작해야 합니다. 그렇게 맞닥뜨린 실패는 좌절이나 절망이 아닌 경험과 노하우가 되어 이후의 '성공'에 지대한 영향을 미칠 것입니다."**

종이컵 쓰레기를 해결하기 위해 수거함을 만든 대치중학교 1학년 박준서 학생은 사소한 호기심과 집중력을 발휘한 끝에 발명품, '종이컵 수거함'을 만들어냈다. 박준서 학생은 미술학원을 운영하시는 어머니가 매일 한 박스 이상 버려지는 종이컵 처리에 애를 먹는 걸 보고 어떻게 하면 이를 개선할 수 있을지 고민하기 시작했다(그도 그럴 것이 실제 우리나라의 연간 종이컵 사용량은 230억 개로, 버려지는 종이컵 처리는 심각한 사회적 문제로 대두되고 있다).

**"저는 남들보다 똑똑하지도, 손재주가 좋지도 않아요. 그런 제가 이 발명품을 만들 수 있었던 건 대단한 지식이나 기술이 있어서가 아니에요. 누군가를 사랑하는 마음과 문제를 해결하겠다는 의지만 있으면 누구나 세상을 바꿀 만한 발명을 할 수 있어요."**

중학교 1학년, 2학년에 불과한 두 친구의 깊은 사고는 어른들에게도 많은 귀감이 되었다. 두 친구는 자신이 생각한 것을 이루기 위해 단지 집중하며 고민했고, 이를 행동으로 옮겼다. 자신을 표현하고 타인과 공감하는 것은 인간에게 있어 매우 중요한 일이다. 특히 청소년기는 자아가 형성되고 사회적 관계가 발전되는 중요한 시기이기에 더욱 그렇다. 자기표현이 명확한 학생들은 자신의 목표를 구체적으로 설정하고, 이를 하나씩 이루어 나가며 성취감을 느낀다. 또한 공감 능력을 갖춘 학생들은 타인과의 관계를 원활히 형성해, 서로 협력하며 목표를 달성할 수도 있다. 감정 다스리는 법을 배운 후 세계 최고의 반열에 올라선 하버드대 출신의 유명 인사들처럼 말이다.

자기표현과 공감은 학교생활에서도 중요한 역할을 한다. 자신의 의견을 표현하면서 더 다양한 활동에 참여하게 되고, 그동안 알지 못했던 자신의 잠재력을 하나씩 발견해 나갈 수도 있다. 학교는 만남과 소통의 장으로써 타인의 감정과 필요를 이해하고 존중하는 태도를 함양하기에 부족함이 없는 공간이다.

# 42.195km를 뛰게 하는 긍정의 힘

나는 왜 이 길에 서 있나

이게 정말 나의 길인가

이 길의 끝에서 내 꿈은 이뤄질까


나는 무엇을 꿈꾸는가

그건 누굴 위한 꿈일까

그 꿈을 이루면 난 웃을 수 있을까


코로나19의 여파로 사회적 거리두기가 한창일 때였다. 버스를 타고 이동 중 우연히 가수 지오디god의 〈길〉을 커버한 모 가수의 영상을 보게 되었다. '꿈을 좇던 18세 소년이 32세가 되어, 방황하는 이들에게 전하고 싶은 노래'라는 첫 자막을 보는데, 노래 시작 전부터 위로받는 느낌이 들었다. 노래를 부르던 가수도 같은 마음이었을까?

감정이 북받쳐 올랐는지 후렴이 시작된 직후 눈물을 보이며 더는 노래를 이어가지 못했다. 관객들도 그의 마음에 공감하며 넌지시 위로를 보내고 있었다.

자신이 원하는 것이 명확할 때조차도 우리는 우리의 길 위에서 여러 장애물을 만난다. 크든 작든 장애물은 걸음을 멈추게 하고, 때로는 뛰어넘을 용기를 주기도 한다. 그야말로 꿈과 현실을 제대로 인식하게 되는 것이다. 내가 만난 지형이는 자신의 꿈을 찾아 노력하는 열정적인 친구였다. 어느 날, 지형이에게 이렇게 물었다.

**"고등학교 1학년 때 미술을 선택한 이유가 있니?"**

**"그럼요, 제가 잘하는 걸 선택한 거예요."**

평소에도 자신감이 넘치는 지형이는 시험성적이 좋지 않아도 '지난번보다 조금 떨어졌어요'라고 씩씩하게 말하곤 했다. 진로를 고민하는 다른 학생들에 비해 진로선택에 대해 충분한 확신을 보이던 지형이었기에 나는 크게 염려하지 않았다. 그런데, 진로상담을 하는 중에 문득 이렇게 물어 왔다.

**"선생님, 제가 잘 해낼 수 있을까요?"**

내가 알던 지형이의 모습과는 조금 달라 나는 다시 물었다.

"지형이는 요즘 어떤 고민을 하고 있니?"

"이제 곧 고3인데, 과연 제가 잘할 수 있을까 하는 생각이 들어요."

목표의식을 가지고 도전하던 이들조차 때론 '이게 맞나?' 하는 불안과 의문이 생긴다. 사실, 어렵고 힘든 건 당연한 현상이다. 그 당연한 현상을 지나치게 부정적으로 받아들이다 보면 자존감은 물론 자신의 강점까지 잃어버리게 된다. 성장기가 있으면 정체기도 있다. 운동선수도, 과학자도, 음악가도, 배우도 숱한 정체기를 건너뛰고 극복해 내야만 프로의 반열에 오를 수 있는 것이다. 힘든 순간이 온다면, 힘들어하되 그것을 단지 하나의 과정이라 여기며 이겨내도록 하자. 이것이 곧 삶의 '지혜'다.

독일의 심리학자 '옌스 바이드너(Jens Weidner)'는 저서 《지적인 낙관주의자》를 통해 이렇게 말한다.

"낙관주의란 후퇴나 좌절이 있음에도 불구하고 결국엔 모든 것이 잘될 거라고 믿는 확고한 태도를 뜻한다. 감성 지능의 측면에서 낙관주의는 사람들이 냉담, 실의, 혹은 침체에 빠지지 않게 해준다."

우리의 생각은 어디로 튈지 모르는 럭비공만큼이나 자유롭다. '나는 머저리야'라는 생각을 하면, 실제로는 그렇지 않음에도 '자신이 생각한 나'로 살게 된다(어쩌면 부정적인 경험을 일부러 기억해 내려 할지도 모른다). '나는 머리가 나빠', '나는 무능해', '나는 운이 없어', 이런 생각에 사로잡힌 사람들은 어떤 행동을 하게 될까? 적극적이고 창의적인 행동을 할 수 있을까? 반대로 '나는 최고야'라고 생각하면, 실제로 그렇지 않더라도 말투와 행동이 무의식적으로 바뀔 수 있다는 것이다.

나쁜 상황이나 결과를 맞닥뜨렸을 때 '상황이 좋지 않았을 뿐이야', '좋은 경험이었어'라고 생각한다면 상황은 얼마든 바뀔 수 있다. 내 생각이 그다지 객관적이지도, 사실적이지도 않다면 이왕이면 좋은 방향으로 생각해보는 게 어떨까? 여러분은 지금 자신에게 한마디 말을 건네야 한다면 어떤 말을 하고 싶은가? 물론, 좋은 생각을 한다고 해서 좋은 일만 일어나는 건 아니다. '해결하려는 힘'을 갖기 위해 좋은 생각을 이용하는 것뿐이다. 다시 말해, 해결할 수 있는 것들이 무엇인지 찾는 데 '좋은 생각'이라는 도구를 적극적으로 활용하는 것이다. 문제 해결을 위해 할 수 있는 것은 무엇인지, 또 하지 말아야 할 것은 무엇인지 분별하는 힘을 갖기 위함이다.

해결책을 찾기 위해서 해야 할 것과 하지 말아야 할 것, 개선할 것을 분별할 수 있다면 이제는 1번이 안 되면 2번, 2번이 유용했지만 성공적이지 않았다면 2-1번, 3번, 3-1번, 3-2번, 이렇게 가지를 뻗어 나가며 성공을 꾀할 수도 있다. 끊임없이 도전하게 하는 힘, 그것이 바로 '긍정'이 가진 진짜 힘이다.

나는 풀코스 마라톤 완주 경험이 있다. 1km도 뛰어본 적 없던 내가, 6개월 계획으로 풀코스에 도전했다. 한 달에 두 번은 하프코스를 뛰었고, 10km씩 속도 조절을 하며 연습했다. 3km쯤 달리면 언제나 몸이 가벼워졌고, 그때부터는 속력을 조금씩 더 낼 수 있었다. 물론 한계점이라 느끼는 구간도 있었다. 더 이상 달리고 싶지 않은, 그렇다고 포기하기엔 이미 너무 멀리 온 듯한 34km 지점…. 그렇게 아무 생각 없이 달리다 보니 어느덧 40km 표지판이 보였고 이제는 정말 버티는 수밖에 없었다.

'거의 다 왔어.'
'거의 다 오다니.'
'대단해.'
'조금만 더 힘내자.'

마음속으로 그렇게 외쳤고, 그렇게 나는 피니쉬 라인을 통과했다.

조승우 대표는 구독자 21만 명을 보유한 유튜버이자 중소기업대표다. 사업으로 성공하기까지 수많은 실패와 좌절이 있었지만, 그때마다 '긍정 강화 효과'를 경험하며 이겨냈다. 어린 시절 왕따(집단 따돌림)를 당하며 힘든 순간순간들이 있었지만, 긍정의 힘을 믿고 작은 것들을 꾸준히 성취해 나가다가 고등학교 때는 학생회장 선거에 당선되는 쾌거를 이뤘다. '자신'이 싸워야 하는 상대는 다름 아닌 '자신'이다. 가장 힘이 '드는' 상대가 자신이라면, 가장 힘이 '되는' 상대도 자신임을 잊지 말자. 어떤 일을 발전시키고 밀고 나가는 힘을 '동력'이라고 한다. 이 동력은 긍정과 만났을 때, 비로소 더 큰 시너지를 불러일으킨다.

# 미래는 '디자인'하는 것이다

고등학교 3학년인 인호는 공부를 시작하기 전 다이어리를 꺼내 자신의 꿈에 대한 암시 글을 열 번 정도 적는 특이한 루틴이 있다.

**"나는 35세에 슈바이처 같은 내과 의사가 되어 의료봉사를 떠날 것이다."**

35세가 된 자신을 상상하며, 매일 새롭게 의욕을 다지는 것이다. 프랑스의 소설가 '생텍쥐페리(Antoine Marie Roger De Saint Exupery)'는 자신의 소설 《어린 왕자》를 통해 "지금 우리가 보고 있는 것은 껍데기에 불과하다. 중요한 것은 눈에 보이지 않는다. 사람이 어떤 것을 정확하게 볼 수 있는 건 오직 마음으로 볼 때이다"라고 말했다. 자신이 꿈꾸는 미래, 진정한 가치는 눈이 아닌 마음으로 보아야 한다는 것이다.

미래는 어떤 말로도 정의할 수 없다. 저명한 학자들의 '미래는 어떨 것이다', '미래는 이렇게 변화될 것이다'라는 말도 어디까지나 예측일 뿐, 그 어떤 누구도 미래를 정확히 단정할 수 없다. 예측이 불가하고, 수많은 가능성과 변수가 존재하기 때문이다. 문명이 지금껏 수많은 변화를 거듭해 왔듯이 말이다.

다만 '상상'은 꿈을 현실로 이루는 데 긍정적인 단서를 제공해주기도 한다. 실례로, 인간은 미지의 세계로 분류되던 우주를 꾸준히 연구하며 달과 화성으로의 여행, 인공위성 발사 등의 기술력을 확보해 우주의 비밀을 어느 정도 분석하고 이해하는 데 성공했다. 무엇보다 인공지능(AI)과 로봇기술에 대한 비약적인 발전을 이뤄냈고, 자율주행 차량과 의료 기술, 음성 인식 기술 등과 같은 우리의 일상과 산업 전반에 걸친 혁명적인 변화를 이룩하기도 했다. 그로 인해 신약 개발, 유전자 편집, 인공 장기 이식 등 의학 및 생명과학 분야에서 긍정적인 변화가 있었고 과거에는 손을 놓고 있어야 했던 질병의 치료와 예방 역시 가능해졌다.

이러한 성과들은 상상력과 창의력, 인내심, 협동심 등과 같은 인간의 고유 가치가 현실화한 것으로, 미래에 대한 가능성을 발견하고자 고군분투했던 인간의 크나큰 업적이라고도 볼 수 있다. 그렇게 미래는 특별하다. 앞으로의 꿈과 진로에 대해 고민하는 청소년들이라면 더 말할 것도 없다.

지금, 잠시 레몬을 떠올려 보자. 우리가 아는 그 레몬 말이다. 그리고 껍질을 벗겨 한입 베어 물었다고 생각해보자. 입에 침이 고일 것이다. 눈으로 사물을 볼 때 반응하는 뇌의 부위와 상상으로 사물을 떠올릴 때 반응하는 뇌의 부위는 같다. 그렇다면 이 신비한 현상을 자신이 이루고 싶은 미래의 꿈에 적용해 보는 건 어떨까. 상상만 해도 즐거운 일이 아닌가! 우리의 몸은 우리가 소망한 바를 이루기 위한 감각들을 만들어내고, 목표에 도달하도록 자꾸 부추긴다는 것을 명심하자.

**"끌어당김의 법칙은 당신이 어떤 것을 좋게 생각하든 나쁘게 생각하든, 원하든 원하지 않든, 그런 것에는 상관하지 않는다. 그저 당신의 생각에 응답할 뿐이다. 끌어당김의 법칙은 당신이 뭘 생각하든 그것을 되돌려 준다."**

프로듀서이자 방송작가인 '론다 번(Rhonda Byrne)'이 저서 《시크릿》을 통해 한 말이다. 고등학교 1학년인 수경이는 목표로 삼은 대학에 진학하기 위해 론다 번이 주장한 '끌어당김의 법칙'을 활용한다. 수경이는 매일 아침 일어나면 거울 앞에서 "나는 이미 내 꿈을 이루었다"라고 말하며 긍정적 에너지를 느낀다. 그런 마음가짐으로 공부하고 준비해 모의고사에서 1등급을 받았다. 수경이는 '끌어당김의 법칙'이 생각과 태도를 바꾸고, 나아가 현실까지 바꿔놓는다는 것을 깨달았다. 자신의 꿈과 비전을 명확하게 그리는 것은 성공적인 미래를 향한 '첫 단추'를 꿰는 것과 같다. 가능성에 대한 한계를 설정하지 않고, 미래를 자유롭게 디자인하는 것…. 이런 삶의 자세야말로 스스로의 가치를 드높이는 일일 것이다.

미래의 나의 모습을 상상하고, 품고, 그려보는 일은 개개인의 아름다운 자유이며 최대한 누려야 하는 특권임이 틀림없다. 디자이너가 작품을 구상하고 만들어나가는 것처럼 여러분도 여러분의 멋진 미래를 디자인하길 간절히 바란다.

# 하루 '10분'이
# '10년' 후를 바꾼다

우진이는 고등학교 1학년이다. 학업성적은 우수하지만, 꿈에 대해 물으면 아무 대답도 못 한다.

"다른 친구들은 진로와 목표를 정해서 거기에 맞게 공부하는데, 저는 미래를 위해 할 수 있는 게 아무것도 없는 것처럼 느껴져요. 이러다 친구들한테 뒤처질까 봐 불안하고, 공부할 때도 자꾸 딴생각만 하게 돼요."

이는 결코 낯선 이야기가 아니다. 자신의 목표를 명확히 설정하고 꿈을 이루기 위해 노력하는 아이들도 있지만, 대다수의 청소년들은 우진이와 같은 고민을 경험했거나 경험하고 있을 것이다. 이제는, '꿈이 없어요', '잘 모르겠어요'라 말하며 볼멘소리를 할 것이 아니라 인식을 바꿔야 한다. 좋은 대학에 진학해 좋은 직장에 취직해야 한다는 일차원적 사고에서 벗어나자는 것이다. BTS를 세계 최고의 그룹으로 성장시킨 하이브HYBE의 방시혁은 모교인 서울대학교 졸업식 축사에서 이같이 말했다.

"지금 큰 꿈이 없다고, 구체적인 미래의 모습을 그리지 못했다고 자괴감을 느끼지 마세요. 남이 만들어 놓은 행복을 추구하려고 정진하지도 마세요. 그럴 시간에 소소한 일상에 최선을 다하세요. 무엇이 진짜로 여러분을 행복하게 하는지 고민하세요. 선택의 순간이 왔을 때, 남이 정해준 여러 기준을 좇지 말고 자신의 기준에 따라 답을 내릴 수 있도록 미리 준비하세요."

인생은 누가 정해주는 길을 가는 것이 아니라 스스로 개척해나가는 것이다. 타인의 조언이 필요할 때도 분명 있지만, 선택은 어쨌든 본인의 몫이기 때문이다. 방시혁의 축사처럼, 순간순간 최선을 다하고 미래를 위해 철저한 준비를 했을 때 언젠가는 진짜 행복을 찾을 수 있고, 만족할 만한 결과를 얻을 수 있을 것이다. 인생이라는 커다란 도화지를 아름답게 채워나가기 위해서는 철저한 준비가 선행되어야 하는데, 거창한 다짐이나 결심보다는 하루에 '10분'씩만 투자해 진로를 고민해볼 것을 권장한다.

**STEP 1** 10년 후 자신의 모습을 상상해보자. 10년 후면 대부분의 청소년이 성인이 되어 사회에 첫발을 내딛는 시기다. 누군가는 대학에 진학해 학업을 이어나가고 있을 테고, 또래보다 일찍 사회생활을 시작한 이들도 있을 것이다. 10년 후 내가 어떤 모습으로 살아갈지 예측해 본다면, 자신에게 어울리는 삶이 무엇인지 답을 찾을 수 있을 것이다.

★ 나는 재료의 특성을 잘 살리는 푸드스타일리스트가 될 거야
★ 내가 만든 음식을 먹는 사람들이 즐거움은 물론 과거의
   추억까지도 소환할 수 있게 말이야

**STEP 2** 미래의 내 모습을 위해 필요한 것들이 무엇인지 탐구해보자. 미래의 모습을 그려 놓은 후 부족한 점을 찾고, 이를 실현시키기 위해 어떤 것이 필요한지 따져보는 것도 많은 도움이 된다.

★ 사람들이 즐겨 먹는 요리, 혹은 그렇지 않은 요리에 대해 탐구하기
★ 요리 관련 프로그램, SNS, 음식문화에 대한 이해도 높이기
★ 어떤 요리든 도전하며 음식과 맛과 멋을 동시에 발전시켜 나가기

**STEP 3** 내가 버려야 할 습관과 그 이유를 찾자. 예를 들어 스스로 게으르다고 생각하거나 집중력이 부족하다고 판단되면, 개선의 이유가 명확하다는 점을 인지하고 이를 극복하기 위한 다양한 노력을 해보자.

★ 상상하는 걸 워낙 좋아해서 생각을 쉽게 내려놓지 못함

★ 시간 관리가 잘 안 되고, 그 때문인지 목표치를 늘 달성하지 못함

★ 계획을 세워 차근차근 하나씩 달성해 나가야 함

**STEP 4** 10년 후 미래의 내가 지금의 나에게 하고 싶은 말을 떠올려 보자. 사람의 앞날은 쉽게 예측할 수 없기에 대부분 긍정적인 메시지를 전하겠지만, 그러기 위해서는 확실한 근거가 필요하다. 즉 10년 후의 내가 지금의 나에게 좋은 말을 건네고자 한다면 어떤 노력을 해야 마땅한지 스스로 깨우쳐보자.

★ 충분히 잘하고 있어

★ 꿈꾸는 대로 이뤄진다는 말을 항상 기억해

★ 할까 말까 망설이지 말고 너를 믿고 도전해 봐

**STEP 5** 오늘 이루고 싶은 게 무엇인지 찾자. 학업이든 운동이든 연습이든, 목표치를 설정해야 성취감을 높일 수 있고 이는 곧 미래에 대한 자신감으로 이어질 수 있다.

★ 영어 단어 30개 외우기

★ 스쾃 50회 3세트

**STEP 6** '오늘 이루고 싶은 것'을 위해 '가장 먼저 해야 하는 일'이 무엇인지 살펴보자. 시작이 반이다. 시작해야 끝을 볼 수 있고, 지금의 시작은 미래로 향하는 출발점이 된다.

★ 지금 바로 영어 단어장 펼치기
★ 침대에서 일어나 간편한 운동복 입기

사람의 뇌는 이상과 현실의 간극을 메우려는 경향이 있다. 인지의 불일치가 발생할 경우, 뇌는 우리 몸에 '이상을 현실로 만들라!'라고 명령을 내린다. 꿈을 이루기 위해 필요한 것들을 꾸준히 생각해내고 행동으로 옮긴다면, 그 순간부터 꿈의 실현은 시간문제다. 영화 《역린》에는 공자의 손자인 자사가 저술한 《중용(中庸)》 '23장'을 논하는 장면이 나온다.

"작은 일도 무시하지 않고 최선을 다해야 한다. 작은 일에도 최선을 다하면 정성스럽게 된다. 정성스럽게 되면 겉에 배어 나오고, 겉으로 드러나면 이내 밝아지고, 밝아지면 남을 감동시키고, 감동시키면 이내 변하게 되고 변하면 생육된다. 그러니 오직 세상에서 지극히 정성을 다하는 사람만이 나와 세상을 변하게 할 수 있는 것이다."

이는 지극히 사소한 일도 정성을 다하게 되면 나중에는 천하를 다스리게 된다는 말로 해석이 가능하다. 우리가 해야 할 일은 짧은 시간을 투자해 더 나은 미래를 예비하는 것…. 하루에 10분만 투자하면, 10년 후의 모습이 달라진다. '나비 효과'가 진로 설정과 꿈, 목표 달성에 얼마나 크게 기여하는지 직접 체험해보는 계기가 될 것이다.

# 낡은 것들로부터
# 멀어지기

나의 인생 책을 꼽으라면 주저 없이 '파울로 코엘료(Paulo Coelho)' 의 《연금술사》를 들 수 있다. 거기서 산티아고는 이런 말을 남겼다.

**"인생을 살맛 나게 하는 건, 꿈이 실현되리라는 믿음이지."**

내 이름으로 된 책을 낸다는 건 참으로 소중한 기회이다. 나는 이 기회를 그동안 만났던 청소년들의 수많은 고민으로 장식하고자 마음먹었다. 청소년들이 막연하게 갖고 있던 진로에 대한 고민이 해소되기를 바라며 한 땀 한 땀 원고를 탈고해 나가는 지금, 개인적으로 벅찬 감동과 마주했고, 어느 때보다 행복한 시간을 만끽하고 있다.

물론 이 책을 엮으며 많은 우여곡절과 시행착오를 겪었다. 예기치 않은 상황은 언제나 벌어지기 마련이니까. 이렇듯 자신의 의도와 다른 일상이 펼쳐질 때, 우리는 좌절하게 된다.

'왜 나에게 이런 일이…'
'나더러 어쩌라는 거야.'
'포기할까?'
'좀 더 쉽게 가는 방법은 없을까?'

그러나 힘든 상황은 때로 도전하게 하는 힘과 용기를 주기도 한다. 급변화하는 사회에서, 특히 진로를 고민하는 청소년들에게 이 힘과 용기는 절실하고 우리의 진로는 우리 자신의 비전과 열정에서부터 출발한다. 변화를 통해 새로운 답을 찾기보다 내가 원하는 것이 무엇인지, 어떤 것에 흥미가 있는지, 이를 위해 어떤 공부를 하고 앞으로 어떤 경험과 역량을 키우고 싶은지 고민하며, 자신의 비전Vision을 차근차근 탐구해나가자.

일반적으로 '비전'을 비즈니스나 조직의 목표 혹은 방향을 나타내는 것으로 알고 있지만, 개인적인 목표와 꿈을 나타낼 수도 있다. 마이크로소프트는 '모든 가정과 조직에 PC를 제공하는 것'을, 테슬라는 '지속 가능한 에너지의 보급 및 전기 자동차 혁신'을, 구글은 '세계의 정보를 조직화하고 보급하는 것'을 비전으로 삼고 있다. 개인이라고 이러한 비전을 품지 말라는 법은 세상 그 어디에도 없다.

개인에게 있어 비전은 스스로 추구하는 가치나 열망, 목표 등을 기반으로 한다. 가령 '나는 예술과 창의성을 통해 사람들에게 영감을 주는 예술가다', '나는 지식의 전달과 교육을 통해 사회적 변화를 이끌어가는 교육자다', '나의 창의력과 지도력을 바탕으로 지속 가능한 솔루션을 제공하고, 사회 변화를 이끌어 나가는 리더가 될 것이다' 등으로 말이다. 또한 이렇게 말할 수 있다면 그 사람의 비전이 이에 대한 동기 부여와 함께 목표와 방향성을 제시하고 있다는 뜻이 된다. 이것은 개인의 성장과 성취에 큰 영감을 준다.

여러분은 지금 이 순간에도 미래에 대한 고민을 끊임없이 하고 있을 것이다. 그리고 그 길은 불확실하고 불투명할 것이다. 다양한 상황 속에서 생각지도 못한 충돌도 경험할 것이다. 중요한 것은 그 길을 걷는 동안 용기와 힘을 잃어서는 안 된다는 것. 여러분이 겪는 고통은 곧 여러분이 붙잡게 될 기회와 도전의 발판이다. 그러니 당장의 '힘듦'에 굴복하지 말자.

성공은 꾸준한 노력과 자기계발의 결과다. 이 말은 우리가 어떤 길을 선택하든 그 길에서 최선을 다하고 지속적인 노력을 해야 한다는 것을 의미한다. 과거에 비해 진로의 선택의 폭이 넓고 다양해진 지금, 청소년들은 여러 분야를 탐구하고 많은 경험을 쌓아야 한다. 자신의 잠재력을 실현할 수 있는 유일한 한계가 우리 '자신'임을 기억하고, 고정된 직업 세계나 낡은 가치관에서 조금씩 벗어나야 한다. 그러기 위해서는 자기 정체성의 확립이 제대로 이루어져야 하는데, 타인의 시선이나 의견에 휘둘리지 않는 데서 그 시작을 도모할 수 있다.

끝으로 이 책이 자신의 비전과 열정을 발견하고, 용기와 힘을 기를 수 있는 청소년들의 진로 지침서가 되길 진심으로 바란다. 이제, 자신의 가치와 열정을 믿고 자신만의 독특한 길을 찾아 여행을 떠나보자. 여러분이 자신을 믿고 도전하는 모습을 보인다면 가족이나 친구, 주변의 많은 사람이 여러분을 지지하고 응원해줄 것이다.

물론, 나도 마찬가지다.

# 실제 상담 사례와 Q&A

## 상담 사례 ①:
# 하고 싶은 게 없어요

1:1 문의를 통해 한 어머님이 진로상담 요청을 해왔다. 오후 7시 이후에 통화가 가능하다는 것으로 보아 워킹맘일 거라 생각했다. 어머님은 자녀가 이제 고등학생이 되는데, 하고 싶은 게 무엇인지 몰라 고민이라고 털어놨다. 꼭 공부가 아니더라도 본인이 하고 싶은 게 있다면 지원해줄 의사가 있다는 말을 덧붙였다.

**"제가 아이와 사전 상담을 해보면 어떨까요?"**

어머님과 통화하면서 진로상담 여부를 아이가 직접 결정하게끔 했고, 늦은 저녁이 되어서야 아이와 대화할 수 있었다. 아이는 수줍음이 많았고 말수가 적었으며, 이런저런 질문을 해도 겸연쩍게 웃으며 짧은 답변만 했다. 그럼에도 흔쾌히 진로상담에 응했고, 우려와 달리 사전 상담은 일사천리로 진행되었다. 진로상담 시에는 내담자의

246

성격과 특성에 따라 상담내용이 많이 달라진다. 물론, 아이가 모든 질문에 대답을 잘하는 건 아니었다. 그도 그럴 것이 그동안 접했던 교육 방식의 대부분은 '표현'하기보다는 '수용'하는 쪽에 가까웠기 때문이다.

진로상담 시 제시되는 질문들은 매우 구체적이고 또 탐구적이다. 심리검사도 병행하며 내담자가 스스로에 대해 유추해 볼 수 있게끔 한다. 나는 우선 아이가 그동안의 일상적인 행동과 학습 태도, 친구 관계에서 어떤 모습이었는지 스스로 발견하도록 했다. 이 과정에서 '잘 모르겠다'라는 대답이 '제가 이랬던 것 같아요'로 조금씩 바뀌게 되었고, 어머님의 의견과 생각을 고려해 상담을 이어나갔다.

상담하다 보면 때로 공부가 아닌 다른 특기를 찾게 되는 경우가 있으나, 이 아이의 진로 분야는 교육계열이었고 공부가 불가피했다. 나는 아이와 함께 학습전략을 하나하나 찾아 나갔다. 이후 어머님도 참여해 함께 상담했고, 아이의 강점과 비전들을 요목조목 제시했다. 아이는 3년 동안 원하는 많은 것을 포기하겠지만, 그보다 값진 미래를 얻게 될 것이다.

상담 사례 ②:
## 축구선수 생활을 그만둬야 하는데,
## 진로가 막막해요

"아이가 10년 동안 축구선수 생활을 했는데, 재활 훈련이 생각보다 길어져 선수 생활을 그만두려고 해요. 앞으로 진로를 어떻게 설정해야 할지 난감합니다."

한 아버님이 축구선수로 활동했던 자녀의 진로와 관련해 상담 신청을 해왔다. 상담은 아이가 훈련을 마치고 돌아오는 주말에 진행이 됐다. 첫 만남에서 그는 지쳐 보였는데, 상담할 때는 적극적인 모습을 보였다. 지난 10년간, 축구는 아이의 첫사랑과도 같았다. 그런 축구를 그만두려니 혼란스러울 수밖에 없었다.

다행히, 축구가 인생의 전부인 줄로만 알았던 내담자는 진로 탐색 과정을 거치며 광고·마케팅에 큰 흥미를 보였고, 나는 마케팅 관련 도서 한 권을 추천했다. 당시 전지훈련을 앞둔 상황이라 '어쩌면 책을 못 읽을 수도 있겠다'라고 생각했는데, 기특하게도 다음 상담 때 책을 모두 읽었다며 나에게 기억나는 내용을 줄줄 얘기해 주었다. 다행인 것은 축구를 하면서도 온라인으로 틈틈이 공부를 해왔고, 나름대로 성적관리를 잘하고 있던 터라 공부법이나 학습에 대한 부담감도 적었다.

부모님은 그동안 열심히 했던 축구를 그만두게 된 것에 대해서는 안타까워했지만, 아이가 새로운 진로를 찾게 된 것에 기뻐했다. 물론 10년이라는 시간은 짧은 시간이 아닐 것이다. 하지만 자신의 새로운 꿈을 찾고 이를 이루기 위해 다시금 용기를 내어 도전한다면 축구를 하며 보냈던 그 10년이라는 시간을 고스란히 보상받게 될 것이다. 과거를 헛되지 않게 하는 것, 그것이 올바른 '진로 찾기'의 아름다움이다.

## 상담 사례 ③ :
# 민중의 지팡이, 경찰이 될래요!

### ☑ 내담자 사연

저는 중학교 2학년 한서우입니다. 제 꿈은 경찰이 되는 것입니다. 경찰이 되기 위해서는 공부도 잘해야 하고 체력도 좋아야 하는 것으로 알고 있습니다. 체력보강을 위해 아침마다 줄넘기를 하고 있는데, 가정형편이 그리 좋지 않아 공부에 대해서는 학교 수업 외의 도움을 받기가 어렵습니다. 이러한 상황에서 지역아동센터 선생님의 추천으로 저의 학습상태와 진로에 대해 점검하고 도움을 받고자 신청을 하게 되었습니다. 저의 장점은 배려심이 많다는 것입니다. 타인에 대한 이해심이 깊다 보니 친구들 사이에서도 착하고 친절하다는 얘기를 자주 듣습니다. 반대로 사람을 너무 잘 믿다 보니, 이로 인한 문제가 생길 때가 가끔 있습니다.

## ☑ 진로 코칭

경찰에 대한 꿈이 확고한 한서우 학생의 'SLT 스마트러닝 검사' 결과, 학습 동기 – 학습 행동 – 학습 전략에 대한 '준비도'와 스스로 잘할 수 있다고 믿는 '학습 유능감', '공부전략'이 다소 떨어지는 것으로 나타났다. 이에 경찰이 될 수 있는 구체적인 방안을 제시했는데, 우선 경찰대학교에 진학하는 경우와 순경으로 경찰101단 시험에 응시하는 방법 등을 일러주고, 이를 위해 영어와 한국사 시험, 체력관리 등에 대한 준비가 필요하다는 인식 역시 심어주었다. 더불어 현재 중하위권인 학교성적의 관리를 강조하며, 본인의 의지에 비해 미흡한 계획 및 목표 수립의 보강을 위해 학습플래너 작성을 권했다.

## ☑ 상담 후기

상담을 통해 꿈에 대한 구체적인 목표를 세울 수 있었습니다. 경찰이 되는 과정과 방법, 그에 따른 요건들이 이처럼 다양한지도 상담을 통해 처음 알게 되었습니다. 경찰이 되겠다는 막연한 꿈이 있었지만 뚜렷한 계획이 없어 막막했는데, 상담을 시작한 이후부터는 자신감도 많이 생겼고, 하나부터 열까지 스스로 해나갈 수 있게 되었습니다.

## 상담 사례 ④ :
# 꿈이 확장되고 있어요

## ☑️ 내담자 사연

　저는 유치원 교사를 꿈꾸는 고등학교 3학년 이주하입니다. 중학생 때 지역아동센터에 봉사를 다니면서 아이들과 함께 있는 시간의 즐거움을 알았고, 또 누군가를 가르치는 일에 흥미를 느껴 이 꿈을 갖게 되었습니다. 그 후로도 저의 꿈은 변하지 않았지만, 고등학교 3학년이 되면서 스펙, 전공 등에 따른 고민이 좀 많아졌습니다. 물론 노력 끝에 과목 총 평균을 한 등급 올리기는 했지만, 통학권에 있는 유아교육과로 진학하기엔 역부족인 것 같습니다. 제 상황에서 할 수 있는 적절한 공부법이나 동기 부여가 될 만한 말씀을 해주셨으면 좋겠고, 또 유치원 교사가 되기 위한, 혹은 유아교육과에 진학할 수 있는 팁과 정보를 알려주시면 좋겠습니다.

## ☑ 진로 코칭

이주하 학생은 자신이 원하는 대학교와 학과가 어느 정도 정해진 경우였으나, 성적에 대한 불안감과 그에 따른 동기 부여가 부족한 것 같았다. 마찬가지로, 'SLT 스마트러닝 검사'를 통해 주하가 자기 주도형으로 학습에 대한 태도를 갖추고는 있지만, 자신에게 맞는 공부법이 무엇인지 모르고 있다는 결론을 내렸다. STRONG 직업흥미 검사를 병행해 유치원 원장, 유아교육과 교수라는 더 크고 폭넓은 포부를 가질 수 있도록 새로운 비전 수립을 요청했다. 감정 관리의 중요성을 일러주었고, 4일간 구체적인 학습플래너도 함께 작성했다. 비전 설계를 통해 새로운 동기 부여를 심어주는 데 집중한 것이다.

## ☑ 상담 후기

상담을 통해 다양한 검사를 진행하며 단점, 보완할 점 등을 알게 되었고 비전을 크게 가지라는 선생님의 조언도 큰 힘이 되었습니다. 한 걸음 더 나아가기 위해 성적을 올리는 것은 물론 감정을 통제하는 노력도 지속해나갈 것입니다. 성장할 수 있는 기회를 주셔서 진심으로 감사하고, 유익했던 만큼 좋은 결과를 얻어내고 싶습니다. 만약 나중에 꿈을 이룬다면, 제가 받은 만큼 다른 사람들에게 이 마음을 꼭 돌려주고 싶습니다.

## 상담 사례 ⑤:
# 우연히 되찾은 PD라는 꿈

## ☑️ 내담자 사연

저는 고등학교 3학년 정태승입니다. 고백하자면, 고3이 될 때까지 꿈이 스무 번은 바뀐 것 같습니다. 그러던 중 우연히 《더 지니어스》, 《대탈출》, 《소사이어티 게임》 등을 연출한 tvN 정종연 PD님의 《여고추리반》 메이킹 영상을 보게 되었습니다. 출연자들의 동선과 판단을 예측해 카메라 구도를 수정하고 세트장을 바꾸는 모습을 보면서 중학생 때 잠시 가졌던 PD의 꿈을 다시 꾸게 되었습니다. 지금은 국어 1등급, 영어와 수학은 2등급을 유지하고 있는데 PD라는 꿈과 목표를 이루기 위해 어떤 공부와 준비를 해야 하는지, 어느 학과에 진학해야 하는지 등 자세히 알고 싶어 상담을 신청하게 되었습니다.

## ☑ 진로 코칭

PD를 꿈꾸는 정태승 학생은 현재 상위권 성적을 유지하고 있기에, 학습전략과 성적관리의 중요성을 다시 한번 상기시켰다. 또한 성격 검사를 통해 학습할 때의 강점과 약점 그리고 PD가 되고 싶은 이유 에 대한 구체적인 탐색도 할 수 있었다. PD가 목표이기에 신문방송 학과나 미디어학과에 대한 준비전략이 필요하다고 설명했지만, 행정 학을 전공한 나영석 PD처럼 반드시 특정 학과에 들어가야만 PD가 될 수 있는 건 아니라는 조언도 덧붙였다. 더불어 직업 흥미에 따른 진로 방향이 조금씩 달라질 수 있기에, PD라는 직업 안에서도 흥미 의 범주를 세부화해 자신에게 어떤 콘텐츠가 잘 어울리는지 생각해 보도록 유도했다.

## ☑ 상담 후기

진로검사 결과를 본 후 내가 하고 싶었던 것, 관심 있는 것들이 너 무 정확해서 조금 놀랐습니다. 특히 성향이나 차선책 등 목표 방향 에서 빗나갔을 때 취해야 할 액션 등이 진로 방향 설정에 큰 도움이 되었습니다. 설정한 목표는 물론 그 외적인 부분들까지 좀 더 세심하 게 신경 쓰는 계기가 된 것 같습니다.

**Q** 중학교 때는 성적이 괜찮았는데 고등학교에 입학한 이후부터 계속 하위권을 맴돌고 있어요. 대체 뭐가 문제일까요?

**A** 학생이라면 으레 한 번씩은 이런 생각을 할 겁니다. '남보다 잘해야 하고', '남한테 뒤처지지 말아야 하고', '적어도 이 만큼은 되어야 하고…' 이는 모두 희망과 기대감에 의해 만들어진 생각입니다. 성적이 좋지 않다는 이유로 좌절하고, 그 좌절 때문에 표정, 행동, 말투가 어떻게 달라지는지 한번 살펴보세요. 생각은 습관이 되고, 습관은 행동과 결과에 계속 영향을 미칠 것입니다.

> 재능을 가진 상대를 넘어서는 방법은 노력뿐이다.
> 더 많이 집중하고 더 많이 생각하는 수밖에 없다.
> 바둑에는 '복기'라는 훌륭한 교사가 있다.
> 승리한 대국의 복기는 '이기는 습관'을 만들어주고
> 패배한 대국의 복기는 '이기는 준비'를 만들어준다.
>
> ─ 이창호, 《부득탐승》 중에서

바둑의 천재로 불렸던 이창호 9단도 매번 승리만 한 것은 아니었어요. 그리고 그는 이기든 지든 그 결과를 다음 경기의 발판으로 삼았죠. 마음먹기에 달려 있어요. 희망과 기대감을 살짝 옆으로 치우고 성적을 있는 그대로 봐주세요. 점수가 오른 과목도 있었을 거고, 내린 과목도 있을 겁니다. 객관적으로 자신의 실력을 평가해, 성적을 올리기 위해 뭐가 필요한지 확인한 후 필요하다고 생각되는 '그것'을 하세요. 그게 맞든 틀리든 상관없어요. 무언가를 해본다는 것 자체로 이미 성공의 가능성을 '확보'한 셈이니까요.

**Q** 특성화고에 다니고 있는데 전공과가 맞지 않아요.

**A** 그럴 수 있어요. 비슷한 고민을 하는 학생들을 흔히 만나게 되는데요. 원하는 전공을 선택하지 못한 근본적인 원인을 먼저 살펴보는 것이 중요해요. 만약 바꾸고자 하는 전공이 분명하고 진로변경 전학이 가능하다면 담임선생님, 부모님과 상의 후 해결책을 찾으세요.

만약 현재 전공과가 맞지 않는데, 원하는 전공도 없다면 현재의 전공과가 자신과 맞지 않는 이유에 대해 면밀하게 살펴볼 필요가 있어요. 왜 맞지 않는다고 여기는지, 성향의 문제인지, 혹은 사회적 인식이나 타인과의 경쟁의식 등이 문제인지 말이죠. 무엇보다 전공을 바꾸고자 하는 마음은 '일시적인 현상'일 수도 있기에 더욱 신중해야 해요.

우리는 언제나 삶의 많은 장애물과 직면하게 됩니다. 그럴 때일수록 자신과 자신의 진로를 좀 더 객관적으로 바라볼 줄 알아야 합니다. '상담'의 근본적인 역할이 바로 여기에 있어요. 늦지 않았어요. 마음이 움직인다면 즉시 행동으로 옮기는 거예요!

**Q** 진로에 대한 생각이 부모님과 너무 많이 달라요. 부모님의 의견이 이해되지 않는 건 아니지만 어쨌든 이건 제 삶이고 제 목표이자 제 꿈이잖아요. 저, 어떡하면 좋을까요?

**A** '우리 아이는 지금까지 뭐 하나를 제대로 끝낸 게 없어요'라고 일방적으로 얘기하는 부모님들이 있습니다. 사람과 사람의 생각이 언제나 일치할 수는 없지요. 설령 그게 가족일지라도요. 부모님이 자신을 이해해주지 않는다고, 부정하고 반대하기만 한다고 슬퍼하지 말고 부모님의 관심과 염려가 그만큼 크다고 생각해 보세요. 그렇다면 이제 해야 할 것이 무엇이냐? 바로, 그 염려를 최소화하는 거예요.

우선 첫 번째로 자신의 진로에 대해 충분히 고민했고 또 준비했는지 살펴볼게요. 커리어넷, 워크넷 등을 통해 인사이트를 얻어 자신만의 포트폴리오를 만들어보는 거예요. 원하는 직업을 갖기 위해 노력할 자신이 있고, 그 직업을 가졌을 때 행복할 수 있을 거라는 신념이 있다면, 진로에 대한 설득력이 훨씬 커지겠죠.

두 번째로, 부모님과의 의견 차이를 조금 다른 관점에서 볼 필요가 있어요. 스스로 진로에 대한 확신을 갖게 되면, 다른 관점에서 생각해 볼 수 있는 '열린 시각'이 생길 거예요. 그런 상태로 부모님과 대화를 이어나간다면 서로에 대한 신뢰는 물론 방향성에 대한 실마리

도 조금씩 풀어나갈 수 있답니다. 쉽지 않겠지만 이러한 과정을 거치
고 나면 든든한 지원자도 생기고, 더 좋은 전략을 세울 수도 있을 거
예요. 더욱 명확해진 진로 의지와 함께요!

**Q** 중학교 때 공부 잘해도 고등학교 첫 모의고사 때 대부분 충격을 받는다고 그러던데, 저는 그게 너무 겁이 나요. 심지어 생활기록부에 '장래희망 없음'이라고 쓰기도 했어요. 이런 제가 너무 한심하고 하루하루가 무기력해요. 이대로 괜찮은 걸까요?

**A** 장래희망이 없는 게 아니라, 장래희망을 찾아가는 중일 거예요. 진로선택을 할 때는 적성, 흥미, 직업 가치관 등 자신에게 맞는 선택을 할 수 있도록 다양한 활동을 하게 됩니다. 이렇게 하나하나 탐색하고 점검해보며 자신의 장래를 탐색한다면 그 과정에서 자신의 길을 발견할 수 있어요.

고등학교 진학도 마찬가지예요. 자신의 성향과 실력, 수준, 관심도에 적합한지 꼼꼼하게 따져보아야 해요. 고등학교 과정은 진로 탐색의 연장 선상에 놓여 있습니다. 물론 고등학교 진학 후 기대만큼 성적이 나오지 않거나 학습 과정이 순조롭지 않을 수 있지만 모든 것은 하나의 과정일 뿐이에요. 여행할 때 아무리 계획을 잘 짠다고 해도 100% 계획대로 움직일 수 없는 것처럼 말이죠.

지금의 상황이 혼란스럽다면 템포를 늦추면서 조금 쉬어가도 돼요. 부정적인 생각들이 '할 수 있는 것도 못 하게' 만들어서는 안 되니까요.

**Q 제 꿈은 약사예요. 꿈을 위해 무엇을, 어디서부터, 어떻게 해야 할까요?**

**A** 꿈을 갖고 있고, 그 꿈을 이루겠다는 자세가 많은 이미 충분한 가능성을 보여주고 있습니다. 꿈을 이루기 위해서는 그 꿈에 대한 열정과 노력이 필요하지만, 그보다 그 꿈을 이루고자 하는 목적이 무엇인지 살펴보는 것이 더 중요해요. 그 목적을 먼저 발견한다면 그때부터는 길이 조금씩 보이기 시작할 거예요. 해당 분야의 책을 읽는다거나 기회가 된다면 직업현장을 체험해보는 것도 방법이 될 수 있겠지요. 아는 만큼 보인다는 말이 있듯이 그렇게 경험치를 쌓다 보면 준비해야 할 것들이 하나둘씩 드러날 테고, 미처 생각지 못한 직업윤리나 의식 등을 깨달을 수도 있답니다.

이러한 과정들은 꿈으로의 도달 과정에서 직면하게 될 역경과 맞설 힘과 능력을 제공해줍니다. 물론 진학을 위해 필요한 정보 등에 따른 구체적인 학습전략이 바탕에 깔려 있어야겠지만요. 내신과 수능에서 높은 점수를 받아야 하기에 성적관리는 필수예요. 그렇다고 도전하기도 전에 부담을 가질 필요는 없어요. 한 발 한 발 자신의 꿈을 향해 내딛는 걸음을 즐겨 보세요. 왜 약사가 되고 싶은지 동기를 분명히 한다면, 원하는 길로 나아가는 데 큰 도움이 될 거예요. 응원할게요!

**Q** 이과가 좋다고 해서 이과 계열로 진학하고 싶은데, 직업적성검사나 성적은 인문계열 쪽에 더 가까워요. 이럴 땐 어떻게 하는 게 좋을까요?

**A** 이과가 취업에 유리하다고 대세를 따르려는 학생들이 많아요. '문송합니다'(문과라서 죄송합니다)라는 말이 나올 정도니 말이죠. 하지만 이과가 좋다는 주변의 말 때문에 이과로 진로를 설정하는 것은 그리 건강한 방식이 아닌 것 같아요. 우리가 옷을 살 때 이 옷이 나에게 잘 맞는지 입어보고 실용성과 가격 등을 꼼꼼하게 따져보듯이 선택하려는 계열이 자신의 흥미나 적성에 맞는지 구체적으로 따져볼 필요가 있다는 거죠.

적성검사 결과도 도움이 될 수 있지만, 그렇다고 해서 그것이 유일한 길인 건 또 아니에요. 다만 참조할 수는 있죠. 가령 '아 나는 이쪽이 더 잘 맞는구나', '내 능력을 제대로 발휘하려면 아무래도 이쪽이 낫겠어' 정로도 말이에요. 눈에 보이는 숫자나 기록에 의지하기보다는 본인이 스스로 원하는 것을 찾는 게 훨씬 중요해요.

특히나 요즘같이 개성을 중시하는 시대에서, 대세를 따르는 '평범함'이 얼마큼의 경쟁력을 확보할 수 있을까요? 성공한 사람들 대부분은 결국 자신이 진정으로 좋아하는 일을 한 사람들이에요. 남의 얘기는 참고하되, 자신의 목소리에 귀를 더 가까이 대 보세요.

**Q** 지금까지 진로검사를 꽤 여러 번 했는데요. 딱히 끌리는 것도 없고 뚜렷한 목표도 없어요. 저만 이런 건가요?

**A** 진로검사를 했지만, 여전히 진로선택을 고민하고 있군요. 검사결과에 만족하는 학생들이 있는가 하면, 원하지 않은 검사결과 앞에서 당황스러워하는 학생들도 많아요. 꽤 흔한 경우이니 너무 걱정할 필요는 없어요. 진로적성 검사는 고려해볼 만한 진로와 직업 분야를 보여주는 것일 뿐, 무조건 따라야 하는 건 아니니까요.

다만 아직 진로에 대한 폭넓은 탐색이 이루어지지 않은 것 같아요. 진로검사에만 의미를 두지 말고, 그 결과를 토대로 발전시켜 나갈 수 있는 것들을 살펴보세요. 가령 마음에 두고 있는 직업군이나 근무환경, 여건 등을 구체적으로 고민해보는 거죠. 그러다 보면 끌리는 진로가 하나쯤은 나오기 마련이에요.

또 시간을 두고 재검사를 하는 것도 추천하는데, 재검사를 통해 좋아하는 것과 관심이 있는 영역, 미처 발견하지 못했던 새로운 재능을 발견할 수도 있을 거예요. 특히 '직업 가치관' 검사를 추천하는데요. 직업 선택 시 중요하게 생각하는 가치가 무엇인지, 그 가치를 통해 얻을 수 있는 기쁨은 무엇인지 등을 파악하게 된다면 진로를 결정하는 데 있어 불필요한 망설임 정도는 덜 수 있을 거예요.

**Q 꿈은 있는데, 이룰 수 있을 거라는 확신과 자신이 없어요. 무조건 노력하기만 하면 되는 건가요?**

**A** 꿈을 실현하는 것이 자신에게는 무리라고 판단되거나, 어차피 시도해도 안 될 거라고 판단된다면, 이렇게 생각해 보면 어떨까요. 꿈은 미래의 자신의 모습이에요. 지금의 자신의 모습과 차이가 있는 것이 당연하고, 그 꿈을 실현해나가기엔 스스로 부족하게 느껴질 수도 있어요. '부족함'에 대한 호기심을 가져보세요. 그리고 그 '부족함'을 '충분함'으로 하루하루 채워 나가 보세요. 물론, 실패가 두려울 거예요.

월트 디즈니, 비틀즈, 오프라 윈프리, 윈스턴 처칠, 스티븐 스필버그, 엘비스 프레슬리, 에이브러햄 링컨, 그 외 우리가 아는 위인들은 모두 수많은 실패 앞에서도 멈추지 않은 사람들이에요. 실패는 행동한 사람에게 주어지는 선물 같은 경험이에요. 실패의 경험을 통해 몰랐던 자신을 발견하게 되고, 그 발견으로 인해 한 단계 더 성장하게 될 테지요. 실패를 거듭하다 보면 자신도 모르는 사이에 꿈에 그리던 '미래의 나'를 거울 속에서 보게 될 거예요!

**Q** 진로검사가 꼭 필요한가요? 저는 지금 당장 진로를 결정하고 싶지 않아요. 진로 결정은 자신을 규정짓고 꿈을 스스로 제한하는 행위처럼 느껴지거든요.

**A** 진로를 알아보는 것과 진로를 결정하는 것은 달라요. 진로검사는 자신의 적성과 성향, 장단점, 관심 분야와 특장점 등을 알아본 후 진로 결정에 앞서 참조할 수 있는 하나의 '정보'에 지나지 않아요. 오랜 기간 검증된 통계와 사회의 흐름에 맞춰 적절하다고 판단되는 진로를 제안할 뿐이라는 거죠. 어쩌면 그래서 더 중요할 수도 있어요. 코치나 감독이 없이 스스로 역량을 키운 세계적인 운동선수는 없으니까요.

다양한 검사와 테스트를 통해 선수의 상태를 파악하고 무엇이 부족한지, 어떤 목표를 설정할지, 그래서 어떤 훈련을 하고 어떤 신체 능력을 개선할지 함께 고민해 나가는 거예요. 혼자서 깨우치고 습득하는 건 상당히 '비효율적'이기 때문이죠. 세상에는 선택할 수 있는 다양한 진로가 있어요. 그 선택지 앞에서 스스로가 누구인지 알고 길을 걸어가는 사람과 그렇지 않은 사람 중 누가 더 빠르고 정확하게 목표지점에 도달할 수 있을까요?

266

진로검사는 자신을 규정짓고 제한하는 게 아니에요. 오히려 자신을 규정짓지 않고, 제한을 두지 않기 위한 하나의 묘수인 셈이죠. 좋은 정보는, 분명히 큰 도움이 될 것입니다.

# 하고 싶은 건 없지만
# 내 꿈은 알고 싶어

1판 1쇄 발행 2023년 11월 9일
1판 2쇄 발행 2024년 1월 2일

지은이 김태연
발행인 김형준

책임편집 박시현
마케팅 전수연
디자인 design ko

발행처 체인지업북스
출판등록 2021년 1월 5일 제2021-000003호
주소 경기도 고양시 덕양구 삼송로 12, 805호
전화 02-6956-8977
팩스 02-6499-8977
이메일 change-up20@naver.com
홈페이지 www.changeuplibro.com

ⓒ 김태연, 2024

ISBN 979-11-91378-44-3 (43370)